MADAME ROQUEFORT
POMME DE TERRE
PICANDOU

Ute Krause

Die Muskeltiere

und Madame Roquefort

Die Muskeltiere – Große Abenteuer

Die Muskeltiere – Einer für alle, alle für einen
ISBN 978-3-570-15903-3

Die Muskeltiere auf großer Fahrt
ISBN 978-3-570-17172-1

Die Muskeltiere und Madame Roquefort
ISBN 978-3-570-17442-5

Die Muskeltiere und das Weihnachtswunder
ISBN 978-3-570-1590-3

Die Muskeltiere und die große Käseverschwörung
ISBN 978-3-570-17899-7

Die Muskeltiere und Ewig Fünfter
ISBN 978-3-570-18017-4

Ute Krause

Die Muskeltiere

und Madame Roquefort

Mit Illustrationen von Ute Krause

cbj

Bei diesem Buch wurden die durch das verwendete Material und die Produktion entstandenen CO_2-Emissionen ausgeglichen, indem der cbj Verlag ein Projekt zur Aufforstung in Brasilien unterstützt. Weitere Informationen zu dem Projekt unter: www.ClimatePartner.com/14044-1912-1001

FSC
www.fsc.org
MIX
Papier aus verantwortungsvollen Quellen
FSC® C010328

Penguin Random House Verlagsgruppe
FSC® N001967

Wir produzieren
Klimaneutral
ClimatePartner.com/14044-1912-1001
Druckprodukt

6. Auflage

Umschlagbild und Innenillustrationen: Ute Krause
Umschlaggestaltung: Anette Beckmann, Berlin
cr · Herstellung: UK
Satz: Lena Ellermann, Berlin
Reproduktion: Lorenz+Zeller GmbH, Inning a. A.
Druck und Bindung: Alföldi Nyomda Zrt., Debrecen
ISBN 978-3-570-17442-5
Printed in Hungary

www.cbj-verlag.de

Inhalt

Kapitel 1

Es riecht nach Gefahr

Picandou schob das Sieb über dem Abfluss neben der Regenrinne vorsichtig und mit einem leisen Klirren zur Seite. Wie jeden Abend schweifte sein Blick über den Innenhof, den die mondlose Nacht in tiefe Schatten tauchte. Als er sah, dass die Luft rein war, quetschte er sich mit einem schweren Ächzer aus dem Rohr und schnupperte die kühle Nachtluft. Es roch nach feuchter Erde und bitter-würzig nach den Geranien, die im Blumentopf neben dem Abflussrohr wuchsen. Dazu mischte sich ein zarter Hauch Eiersalat, etwas Krabbencocktail, Camembert und der betörende Duft von Krustenbrot, gepaart mit Blaubeer-Marzipankuchen und Zitronenbaiser. Picandou lief das Wasser im Mund zusammen. Der herrliche Geruch kam aus dem Müllsack, der an der Wand neben der Toreinfahrt lehnte. Frau Fröhlich hatte sich wieder einmal selbst übertroffen. Picandou seufzte in wohliger Erwartung.

Inzwischen war auch Mäuserich Pomme de Terre aus dem Abfluss geklettert, dicht gefolgt von der hübschen Rattendame Gruyère. Hamster Bertram von Backenbart steckte als Letzter seine Schnauze mit dem elegant gezwirbelten Schnurrbart aus der Öffnung. Er stöhnte und schimpfte, während er versuchte, sich aus dem Rohr zu schrauben, aber es half nichts – er steckte fest. Gruyère und Pomme de Terre packten ihn unter den flauschigen Ärmchen und zogen nach Leibeskräften.

»Hau ruck!«, riefen sie dabei, und endlich schoss Bertram wie ein Korken aus dem Abfluss. Mit einem Plumps landete er auf dem Bauch, schüttelte sich und erhob sich möglichst würdevoll.

»Wenn ich noch ein Milligramm zunehme, passe ich da nicht mehr durch«, lispelte er betrübt.

»Jetzt nöl ma nich' rum. Dann bleibt eben mehr für uns übrig«, antwortete Pomme de Terre und pikste ihn sanft in den Bauch. »Diät is' angesagt – da mussu durch.«

Bertram zupfte beleidigt seinen zerknitterten Schnurrbart zurecht und seufzte.

Gruyère war inzwischen zu Picandou hinübergetrippelt. Der Mäuserich nahm zärtlich ihre Pfote. »Du siehst heute wieder hinreißend aus«, flüsterte er ihr ins Ohr.

Spätestens bei ihrem zweiten großen Abenteuer hatte er sich bis über beide Mäuseohren in die weiße Rattendame verguckt. Er war furchtbar eifersüchtig gewesen, als ein gewisser Ratterich ihr den Hof gemacht hatte. Zu seinem Glück aber hatte Gruyère sich für ihn entschieden. Sie gab ihm einen Kuss auf die Nasenspitze. »Du auch«, sagte sie.

»Na, kommt schon, ihr zwei Turteltäubchen«, rief Pomme de Terre. »Sonst wird das Essen noch kalt.« Er war bereits auf dem Weg zum Müllsack.

Plötzlich blieb er stehen. Seine Nasenspitze bebte. »Riecht ihr das?«, rief er.

Die anderen reckten die Köpfe und schnupperten.

Gruyère nickte als Erste. »Was ist das?«, fragte sie verunsichert.

Der Geruch war scharf und stechend zugleich. Vor allem aber roch er nach Gefahr!

»Das kann doch nicht sein«, murmelte Picandou, »aber irgendwie riecht es nach … nach …«

»… nach Feuer«, beendete Pomme de Terre den Satz. Er sah sich besorgt um. »Es scheint irgendwo ganz in der Nähe zu sein.«

»In der Nähe?!« Gruyère sah ihn erschrocken an. »Doch nicht etwa in Frau Fröhlichs Laden?«

Frau Fröhlich besaß das Feinkostgeschäft, unter dem die Muskeltiere wohnten. Genau genommen lebten sie in einer gemütlichen Höhle unter der Kellertreppe, die direkt in den Laden führte.

»Aber das hätten wir doch im Keller gerochen, oder?«, fragte Picandou. Er versuchte, seine Beunruhigung zu verbergen.

»Ich schlage vor, wir gehen der Sache ohne Umschweife auf den Grund«, rief Bertram und zückte seinen Degen. Dann trippelte er schnurstracks in Richtung Toreinfahrt. Seinen Hunger und den Müllsack hatte er augenblicklich vergessen.

»Warte!«, rief Picandou. »Wir sollten nichts überstürzen.«

Doch der Hamster war bereits durch die Einfahrt verschwunden und die anderen mussten ihm wohl oder übel folgen.

So unauffällig wie möglich lugten sie um die Ecke. Die Straße und die Bürgersteige lagen verlassen im Schein der Laternen.

»Hier scheint immahin alles in Ordnung …«, begann Pomme de Terre. Doch der Rest seiner Worte wurde von einem lauten Geheul verschluckt. Es ging den Muskeltieren durch Mark und Bein.

Sie rannten zurück in die Toreinfahrt und drückten sich ängstlich in die Schatten an der Hauswand.

Das Heulen kam immer näher, wurde lauter und unerträglicher. Die Muskeltiere hielten sich verzweifelt die Ohren zu. Ein blaues, blinkendes Licht zuckte über die Pflastersteine, und fast gleichzeitig raste ein großes, rotes Auto an ihnen vorbei. Es hielt mit quietschenden Bremsen wenige Häuser entfernt.

Plötzlich verstummten die Sirenen, nur das blaue Licht zuckte weiter über die gegenüberliegenden Hauswände. Vorsichtig spähten die Muskeltiere aus der Einfahrt. Sie sahen, wie Männer mit Helmen und dunklen Schutzanzügen aus dem Auto sprangen und einen großen Schlauch vom Wagen zogen.

Pomme de Terre pfiff durch die Zähne. »Mann inne Tünn! Das is' die Feuerwehr!«, näselte er. »Das bedeutet, dahinten muss 'n Feuer sein!«

Ein erneutes Heulen ließ die Muskeltiere wieder zusammenfahren. Ein zweites rotes Auto raste dicht an ihnen vorbei und hielt neben dem ersten.

»Das scheint eine größere Sache zu sein«, flüsterte Gruyère und drückte sich an Picandou.

»Vielleicht ist da jemand in Gefahr!«, lispelte Bertram. »Wir sollten unbedingt nachschauen, ob unsere Hilfe vonnöten ist.«

Und bevor ihn jemand stoppen konnte, sauste er schon auf die roten Feuerwehrautos zu.

»Bleib hier!«, rief Picandou. »Das ist zu gefährlich!«

Aber Bertram hörte nicht auf ihn.

Picandou war außer sich. Dieser Hamster machte ihn noch wahnsinnig. Er musste allem, was im Entferntesten nach Gefahr und Abenteuer aussah, hinterherlaufen.

»Der war die letzten Monate nich' mehr richtig ausgelastet«, murmelte Pomme de Terre. »Da liegt der Wurm begraben.«

»Aber vielleicht ist ja wirklich jemand in Gefahr!«, antwortete Gruyère. »Jedenfalls sollten wir ihn nicht allein lassen.« Sie ergriff Picandous Pfote. »Komm, sonst verlieren wir ihn noch aus den Augen.«

Picandou seufzte. Er hatte sich schon so auf den Müllsack gefreut. »Bertram vermasselt uns noch den ganzen Abend«, knurrte er.

»Wir sind doch gleich wieder zurück«, sagte Gruyère tröstend, und dann lief sie Pomme de Terre, der schon losgerannt war und den Hamster fast eingeholt hatte, hinterher. Sie wollte die beiden auf keinen Fall aus den Augen verlieren.

Unwillig und als Letzter folgte der schwer atmende Picandou. Ein bisschen Diät würde mir auch nicht schaden, dachte er bei sich. Aber nicht sofort und ganz bestimmt nicht heute Abend.

Kapitel 2

Feuer!

Bertram, Pomme de Terre und Gruyère waren ein paar Häuser weiter im Schutz eines Laternenpfahls stehen geblieben und starrten hinüber zu einem Restaurant, über dem in goldenen Buchstaben *Pizzeria Francesco* stand. Picandou folgte ihrem Blick und erschrak: Hinter den Schaufensterscheiben züngelten gelbe Flammen! Der ganze Raum brannte lichterloh.

Die Feuerwehrmänner hatten inzwischen den Schlauch angeschlossen und rollten ihn aus. Das blaue Licht auf ihren Autos zuckte immer noch geisterhaft über die Hauswände und mischte sich mit dem warmen Schein des Feuers, das nun immer heller und heller hinter den Scheiben aufloderte.

Gerade hatte Picandou die anderen erreicht, als ein lauter Knall die Stille zerriss. Die Scheiben waren geplatzt und unzählige Splitter flogen durch die Luft.

Eine Scherbe zischte so dicht an Picandous Kopf vorbei, dass sie ihm fast die Barthaare abrasiert hätte.

Der graue Mäuserich erstarrte und stieß einen entsetzten Fiepser aus. »Weg hier!«, quietschte er heiser.

Der erste Wasserstrahl traf die Flammen und eine dichte Rauchwolke quoll aus dem Laden.

Der scharfe, ätzende Qualm umhüllte die Muskeltiere und verschlug ihnen fast den Atem. Sie fingen an zu husten.

»Schnell nach Hause!«, keuchte Pomme de Terre. »Sonst ersticken wir noch.«

Sie hasteten den Bürgersteig entlang, doch plötzlich bremste Bertram so scharf ab, dass Picandou über seine Füße purzelte. »Zu spät!«, rief er und deutete erregt auf die vielen Menschen, die jetzt aus den Hauseingängen traten. Sie trugen Bademäntel über ihren Schlafanzügen und starrten hinüber zum Restaurant. Das Heulen der Sirenen musste sie geweckt haben.

»Da kommen wir niemals unbemerkt durch«, japste Gruyère.

»Schaut mal, da is' ja Frau Fröhlich«, flüsterte Pomme de Terre und deutete auf eine kleine Frau in einem rosa geblümten Bademantel. Sie humpelte gerade aus der Toreinfahrt und starrte ängstlich auf die Flammen.

»Na toll! Den Müllsack können wir für heute vergessen.« Picandou warf Bertram einen grimmigen Blick zu. »Das war mal wieder eine Spitzenidee von dir. Du siehst doch, hier gibt's überhaupt niemanden zu retten.« Er schnaubte verächtlich.

»Das konnte man ja vorher nun wirklich nicht ahnen …«, murmelte Bertram entschuldigend.

»Lasst uns lieber überlegen, was wir jetzt machen, anstatt zu streiten«, unterbrach Gruyère sanft.

»Allerdings.« Pomme de Terre sah sich suchend um. »Wenn wir hier noch länger rumdödeln, werden wir garantiert entdeckt.« Er deutete auf eine dunkle Gasse. »Ich glaub, die führt runter zum Kanal. Da sind wir bestimmt am sichersten. Und falls das Feuer übergreift, springen wir in die Fluten.«

Picandou schüttelte sich bei dem Gedanken. Aber er protestierte nicht, als die anderen Pomme de Terre die Gasse hinab folgten.

Niedrige Stufen führten hinunter zum schlammigen Ufer des Kanals, dessen Wasser schwarz und träge in der Dunkelheit dahinfloss.

Picandou seufzte schwer. Einladend sah es hier nicht gerade aus. Außerdem kroch die Feuchtigkeit aus dem Kanal zu ihnen herauf und ließ ihn erschaudern.

Der Sand knirschte unter ihren Krällchen, als sie sich auf die Suche nach einem geeigneten Unterschlupf machten. Aber nirgends gab es einen Mauervorsprung oder einen Stein, hinter dem sie sich hätten verstecken können. Schließlich lehnten sie sich gegen eine kalte Hauswand und lauschten auf die Geräusche, die von der Deichstraße zu ihnen herunterdrangen.

Picandou dachte wehmütig an das Festmahl, auf das sie nun verzichten mussten. Der Abend hätte kaum schlechter laufen können.

Die Zeit schlich dahin, während sie schweigend in der Dunkelheit ausharrten. Noch lange hörten sie Stimmen und Rufe. Sie fröstelten und inzwischen knurrten und rumpelten vier Mägen im Gleichklang.

Kapitel 3

Retter in der Not

Nach einer Ewigkeit verhallten die Stimmen, und dann waren die Feuerwehrautos mit ihren zuckenden blauen Lichtern endlich verschwunden. Die vier Muskeltiere trippelten vorsichtig aus ihrem Versteck und spähten die Gasse hinauf. Nichts rührte sich.

Bertram kletterte als Erster die Stufen empor, die anderen folgten ihm. Dann blieb der Hamster so plötzlich stehen, dass Picandou erneut mit ihm zusammenstieß und diesmal Gruyère über Picandous Pfoten stolperte.

»Kannst du nicht mal …«, begann Picandou, doch der Hamster unterbrach ihn.

»Meiner Treu!«, rief er und deutete auf den Boden. Vor ihnen auf den Pflastersteinen lag eine braune Maus mit halb geschlossenen Äuglein. Ihr Fell war angesengt.

»Ein Kollege«, sagte Pomme de Terre, der an Bertrams Schulter vorbeilugte. »Den hat's erwischt.«

»Ja, der Arme hat wohl die Feuersbrunst nicht überlebt.« Bertram warf Picandou einen vorwurfsvollen Blick zu. »Und wir waren nicht da, um zu helfen. Wie bedauerlich.«

»Armer Teufel. Er hat wahrscheinlich versucht, das Wasser zu erreichen, und es nicht mehr geschafft.« Gruyère beugte sich vor, um den Kollegen etwas genauer zu betrachten. Er hatte ein zierliches Schnäuzchen und sehr lange hübsche Wimpern. »Ich glaube, der atmet noch«, rief sie erleichtert und zeigte auf den zarten Brustkorb, der sich kaum merklich hob und senkte.

»Oder besser gesagt: Sie atmet noch«, sagte Pomme de Terre. »Ich glaub nämlich, das is' ne kleine Deern. 'ne fesche noch dazu.«

»Schön, und was machen wir jetzt mit ihr?«, fragte Picandou.

»Jedenfalls können wir sie hier nicht einfach liegen lassen«, antwortete Gruyère entschieden. »Am besten nehmen wir sie mit zu uns. Komm, hilf mir.« Sie ergriff vorsichtig ein Pfötchen.

Picandou beugte sich über die kleine Maus und nahm zögerlich das andere. In dem Moment öffnete die Mäusedame ihre Augen. Sie waren groß und leuchtend wie Laternen und schauten Picandou mit tiefem, ernstem Blick an. Sie blinzelte, und dann breitete sich ein wundervolles Lächeln auf ihrem Gesicht aus. Es verschlug ihm glatt den Atem.

»Hallo«, säuselte sie schwach. »Warst du auch im Feuer?«

»N-nein«, stotterte Picandou, der plötzlich ganz durcheinander war. In seinem Bäuchlein flatterten lauter verrückt gewordene Schmetterlinge. »Wir … wir wollten nur schauen, ob wir helfen können, und das … das scheint ja auch der Fall zu sein …«, haspelte er. Sein Kopf war auf einmal so leer wie Frau Fröhlichs Käsetheke, wenn sie in Urlaub fuhr. Er verstummte und errötete.

»Danke.« Die Maus richtete sich langsam auf, und dann entdeckte sie die anderen Muskeltiere. Sie schenkte auch ihnen ein warmes Laternenlächeln und ließ den Kopf wieder sinken.

Pomme de Terre war sichtlich entzückt und auch Bertram schien hingerissen von der hübschen Mäusedame.

Er verneigte sich. »Darf ich Madame eventuell auf die Pfoten helfen?«, fragte er galant und bot ihr sein flauschiges Ärmchen an.

Die Maus ergriff seine Pfote, doch als sie versuchte aufzustehen, ächzte sie vor Schmerz und sackte gleich wieder zusammen. Picandou und Pomme de Terre fingen sie bereitwillig auf.

»Ich fürchte, mein Bein ist gebrochen«, stöhnte sie.

»Ich könnte Sie huckepack nehmen«, bot Pomme de Terre an. »Auf meinen starken Schultern.«

»Nein, nein«, mischte Picandou sich ein. »Besser ist, wir tragen sie gemeinsam. Alle zusammen.«

»Danke, das ist sehr liebenswürdig«, hauchte die kleine Maus und lächelte Picandou wieder zu.

Gruyère nickte mitfühlend. »Das ist sicher schonender, falls das Bein tatsächlich gebrochen ist.«

Picandou und Pomme de Terre hielten sie an den Vorderpfoten, während Gruyère und Bertram ganz vorsichtig ihr Hinterteil anhoben, und zu viert trugen sie die Mäusedame die Stufen hinauf. Picandou betrachtete die zierlichen Pfötchen. Ganz reizend, dachte er, und leicht wie eine Feder.

Oben in der Deichstraße stank es nach Verbranntem und in den großen Pfützen vor den Häusern spiegelten sich die Laternen. Aschefetzen schwammen hier und da auf der Wasseroberfläche, und dort, wo die Fensterscheiben des Restaurants gewesen waren, klafften verkohlte, trostlose Löcher.

Die kleine Maus schniefte. »Mein Heim!«, murmelte sie. Tränen rannen ihr das Schnäuzchen hinab. »Verloren. Alles, alles verloren.«

»Ach, das wird bestimmt bald wieder«, sagte Pomme de Terre tröstend. »Die lassen das nich' so. Nich' in der Deichstraße. Dat wird garantiert bald wieder aufgehübscht …«

»Sie können erst einmal mit zu uns kommen«, unterbrach ihn Picandou. »Meine Höhle ist gleich um die Ecke, im Feinkostgeschäft. Und da haben wir …«

»… die beste Käsetheke in ganz Hamburg«, fiel ihm Bertram ins Wort. »Nach einer kleinen Stärkung geht es Ihnen bestimmt gleich wieder besser, meine Gnädigste.«

Picandou warf Bertram einen genervten Blick zu. Schließlich war das *seine* Käsetheke und es gefiel ihm nicht, wie Bertram sich vor der Mäusedame so in den Vordergrund spielte.

»Ach«, hauchte die kleine Maus und strahlte die beiden an. »Danke, ihr seid so gut zu mir.«

»Und Sie bleiben natürlich, so lange Sie wollen«, fügte Picandou großmütig hinzu.

»Unser Heim ist Ihr Heim«, flötete Pomme de Terre und grinste Picandou frech an.

»Wirklich?« Die Maus schlug ihre langen Wimpern nieder. »Ach«, seufzte sie wieder. »So viel Glück im Unglück.« Dann schloss sie erschöpft die Augen und ließ sich von den Muskeltieren zu Fröhlichs Feinkostgeschäft tragen.

Kapitel 4

Kleine Maus mit großem Appetit

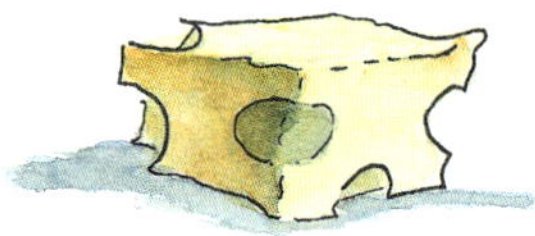

Irgendwie schafften sie es, die Mäusedame durch das Abflussrohr zu schieben und durch das Waschbecken in den Keller zu bugsieren. Immer wieder rief sie »Aua!« und »Achtung, mein Fuß!« und »Bitte langsam!«, bis sie endlich die Höhle unter der Kellertreppe erreicht hatten.

Vorsichtig legten sie die kleine Dame auf das Schwammbett, auf dem normalerweise der Hamster schlief. Aber heute bestand Bertram darauf, dass der Gast unbedingt sein Bett haben sollte.

»Sie sind ein echter Gentleman«, sagte die Maus und drückte sanft seine Pfote.

Bertram errötete. »Das … das ist doch selbstverständlich«, stammelte er und spielte verlegen mit dem Knauf seines Degens.

»Nein, das ist es nicht.« Die Maus schenkte ihm ein dankbares Lächeln. »Und ich weiß es sehr zu schätzen …«

Bertram wurde noch röter. Die kleine Maus war einfach zu niedlich.

Picandou aber fand, dass der Hamster sich jetzt genug aufgespielt hatte. Er schob sich an ihm vorbei, breitete die Pfoten aus und rief: »Wie wäre es mit einem kleinen Imbiss aus *meiner* Käsetheke. Ich wette, so etwas Gutes haben Sie noch nie gegessen.«

»Ach«, machte die kleine Dame wieder und klimperte mit den Wimpern. »Das klingt aber sehr verlockend.«

Die Schmetterlinge in Picandous Bauch flatterten noch aufgeregter durcheinander und er brauchte einen Moment, bis er sich wieder gefangen hatte. »Sehr gut! Sehr gut!«, rief er eifrig und trippelte aus der Höhle. »Bin gleich wieder da!«

»Warte, ich helfe dir«, sagte Gruyère. Sie hatte ihre drei Freunde schweigend beobachtet und konnte nicht verstehen, warum sie plötzlich so anders waren und was das alberne Getue eigentlich sollte.

»Nicht nötig«, rief Picandou über seine Schulter, bevor er durch den Höhleneingang verschwand. »Das schaff ich schon allein.«

»Außerdem«, sagte Bertram, »haben wir ja noch ganz andere Köstlichkeiten zu bieten. Auf zum Müllsack, meine Freunde!«

»Eben.« Pomme de Terre, dem plötzlich wieder einfiel, dass sie ja noch gar nichts gegessen hatten, nickte der kleinen Maus zu. »Frau Fröhlichs Küche ist nämlich ’ne echte Wucht! Da gibt’s ordentlich was zu spachteln. Sie werden begeistert sein.«

Bertram war bereits aus der Höhle gewitscht. Pomme de Terre folgte ihm.

Kopfschüttelnd trippelte Gruyère den beiden hinterher. Sie waren wirklich nicht wiederzuerkennen. Was hatten sie nur?

Picandou saß schon neben der Mäusedame und fütterte sie gerade mit Käseecken, als die anderen mit allerhand Köstlichkeiten beladen die Höhle betraten.

Hungrig schaute die kleine Maus auf die Schokokrümel, Blaubeertörtchen und Salatreste, die sie in den Pfoten trugen. »Das riecht ja wundervoll«, rief sie. »Ach, ihr seid einfach zu gut zu mir.«

»Eigentlich war das ja für uns alle gedacht …«, murmelte Gruyère. Sie war erleichtert gewesen, dass der Müllsack noch im Hof stand, als sie zurückgekehrt waren, und nach der anstrengenden Nacht hatten sie sich dieses Festmahl redlich verdient.

»Unsinn«, unterbrach Picandou sie und warf ihr einen gereizten Blick zu. »Es gibt noch viel mehr davon. Außerdem – Bertram ist sowieso auf Diät.«

Der Hamster, der gerade in ein großes Stück Schokoladentorte beißen wollte, sah ihn empört an. Doch bevor er protestieren konnte, nahm ihm Picandou das Tortenstück aus den Pfoten und reichte es der kleinen Maus. Die lächelte dankbar und biss abwechselnd in den Kuchen und in das Käsestück, das sie in der anderen Pfote hielt. Danach verspeiste sie die Kartoffelsalatecken, die Bertram mitgebracht hatte, die Rosmarin-Oliven, die Gruyère in den Pfoten hielt, und den gesamten Blaubeer-Marzipan-Kuchen, den Pomme de Terre ihr reichte.

Picandou eilte in dieser Nacht noch mehrmals zum Müllsack und kehrte mit einem halben Zitronenbaiser, ein paar Croissantkrümeln und einem Rest Krabbencocktail zurück. Fast alles verschwand im Magen der kleinen Maus. Für ihre Größe hatte sie einen erstaunlichen Appetit.

Die Mägen der Muskeltiere knurrten immer noch bedrohlich, denn viel blieb für sie nicht übrig. Aber außer Gruyère schien das niemanden zu stören. Allmählich fragte sie sich, ob es wirklich eine so gute Idee gewesen war, die fremde Maus hierherzubringen.

»Ach, meine Retter!«, seufzte die Mäusedame, als sie endlich satt war. Mit einer eleganten Bewegung wischte sie sich ein winziges Krümelchen von ihren hübschen Barthaaren, ließ den Kopf auf das Schwammbett sinken und strahlte die Muskeltiere, die sie umringten, mit ihren Laternenaugen an. »Ach«, seufzte sie noch einmal. »Wo wäre ich ohne euch? Ihr seid meine Helden!« Dann klappten ihre Augenlider zu und sie fing leise an zu schnarchen.

»Musik in meinen Ohren«, sagte Pomme de Terre und betrachtete die zierliche Maus andächtig.

»Hoffentlich geht es ihr morgen wieder besser«, lispelte Bertram.

Pomme de Terre nickte weise. »'ne ordentliche Mütze Schlaf is' immer die beste Medizin.« Picandou brummte zustimmend.

»Dann ist sie bald wieder gesund und kann nach Hause«, sagte Gruyère. Sie drückte Picandous Pfote und zupfte ihn sanft am Ohr. Normalerweise mochte er das, jetzt aber drehte er sich um und herrschte sie an: »Wie kannst du nur so etwas sagen? Sie bleibt natürlich, so lange sie will oder bis sie wieder in ihr Zuhause zurück kann. Wir können sie doch nicht einfach vor die Tür setzen. Ich habe dich damals schließlich auch nicht wieder rausgeworfen!«

Gruyère sah ihn bestürzt an. Warum redete er auf einmal so mit ihr? Trotzdem musste sie zugeben, dass er recht hatte.

Als Picandou Gruyère in einer Novembernacht halb tot in der Speicherstadt gefunden hatte, hatte er sie auch mit nach Hause genommen, und selbst dem Eindringling Pomme de Terre hatte er erlaubt zu bleiben, weil auch der gerade sein Zuhause verloren hatte. Später waren sie noch Bertram von Backenbart begegnet, der in einem Luxuskäfig in einer Penthousewohnung in der Hafencity lebte und von großen Abenteuern träumte. Er taufte sie die Muskeltiere, nach seiner Lieblings-Hör-CD, und große Abenteuer hatten die vier inzwischen schon einige bestanden. Seitdem hielten sie zusammen wie Pech und Schwefel und lebten selbst in Picandous winziger Höhle sehr gern miteinander.

Picandous Worte versetzten Gruyère einen Stich. Natürlich hatte sie nicht daran gedacht, die kleine Maus vor die Tür zu setzen. Wie konnte er das nur glauben?

Als es Zeit war, ins Bett zu gehen, kletterte sie in ihre Camembertschachtel, fand aber keinen Schlaf. Sie hatte auf einmal so ein komisches Ziehen im Magen, und das kam nicht vom Hunger. Etwas an dieser ganzen Sache gefiel ihr nicht, aber sie wusste nicht, was. Schließlich war die kleine Maus doch zu allen, auch zu ihr, ganz reizend gewesen.

Vorsichtig spähte Gruyère zu Picandou hinüber. Er und Pomme de Terre hatten es sich wie immer auf der Couchgarnitur – zwei alten Sardinendosen – gemütlich gemacht.

Picandou spürte ihren Blick und drehte sich um. »Jetzt sei nicht gleich beleidigt und denk nicht immer nur an dich«, brummte er. »Ein echter Muskeltier hilft allen, die in Not sind.«

»Das weiß ich doch«, murmelte Gruyère. »Darum geht es ja gar nicht …«

»Ruhe bitte!«, rief Bertram aus dem Sahnebecher, den er sich aus dem Müllsack mitgebracht hatte. »Und gute Nacht – oder vielmehr: guten Morgen, die Damen und Herren.« Er deutete zum Höhleneingang, vor dem es gerade heller wurde, und versuchte es sich im Sahnebecher so gemütlich wie möglich zu machen. Aber der Becher war eigentlich zu klein für einen Hamster. Es ist ja nur für diese eine Nacht, dachte Bertram, und für die niedliche Mäusedame hätte er sogar auf einem Marmeladendeckel übernachtet.

Picandou schlief erst ein, als die ersten Sonnenstrahlen in die Höhle krochen. Immer wieder schielte er hinüber zu der kleinen Maus, die friedlich auf dem Schwammbett schlummerte. Wie allerliebst sie doch aussieht, dachte er, bevor er endlich wegdämmerte.

Kapitel 5

Eine Begegnung mit Folgen

Picandou wurde von einer leisen, aber eindringlichen Stimme geweckt. Er erkannte sie sofort – die kleine Mäusedame hatte nach ihm gerufen. Er sprang aus seiner Sardinendose und trippelte eilig ans Schwammbett.

Es war inzwischen wieder Abend geworden, doch die anderen Muskeltiere schliefen noch tief und fest, denn sie waren von den

Strapazen der letzten Nacht alle sehr erschöpft. Das war Picandou ausgesprochen recht, denn die kleine Maus nahm jetzt seine Pfote in die ihre und drückte sie ganz sanft.

»Sagen Sie, gibt es noch etwas von dieser köstlichen Schokoladentorte?«, wisperte sie und klimperte ihn mit ihren Laternenaugen an.

Picandou wurde es vor Aufregung heiß und kalt. Er nickte und schüttelte gleichzeitig den Kopf.

»Ganz … ganz bestimmt«, stotterte er. »Aber erst etwas später, wenn der Müllsack wieder draußen steht. Und …« Er lächelte schüchtern. »… was da drinnen ist … ist jedes Mal eine Überraschung, aber immer eine sehr schöne …«

»Verstehe.« Die Maus senkte wieder die Augenlider. »Bei uns im Restaurant war das auch so«, sagte sie. »Francesco hat immer die wunderbarsten Pizzas gemacht …« Sie verstummte. Tränen blitzten plötzlich in ihren hübschen Äuglein. »Aber – das ist ja nun für immer vorbei.«

Picandous Herz zog sich zusammen. Er ertrug es nicht, dass sie so traurig war, und streichelte die zierliche Pfote, die noch immer in der seinen lag.

»Weißt du, das habe ich damals auch gedacht«, flüsterte er. »Ich war sicher, alles sei verloren.« Er deutete auf seine Höhle. »Es sah nämlich so aus, als würde Frau Fröhlich, die Besitzerin, ihren Laden schließen müssen, als würde ich mein schönes Zuhause für immer verlieren. Aber dann kam es zum Glück ganz anders. Deswegen dürfen auch Sie nie die Hoffnung aufgeben, verstehen Sie?«

Die Maus sah ihn lange an und Picandou verlor sich schon wieder in ihren großen Augen.

»Das ist schön zu hören«, seufzte sie. Ihr Blick schweifte an Picandou vorbei zu den schlafenden Muskeltieren. Aus der Sardinendose ertönte ein gleichmäßiges Schnaufen und aus dem Sahnebecher war leises Schmatzen zu hören. Bertram träumte wahrscheinlich gerade von einem Salatbüfett.

»Ihr habt eine ausgesprochen schöne Höhle«, sagte die kleine Maus. »Sehr hübsch eingerichtet.«

»Eigentlich gehört sie nur mir allein«, antwortete Picandou und lächelte bescheiden, obwohl er vor Stolz beinahe platzte. »Ich habe sie damals entdeckt und selbst eingerichtet. Aber meine Freunde wohnen jetzt schon seit geraumer Zeit bei mir.«

»Es ist sehr großherzig von Ihnen, dass Sie uns alle bei sich aufnehmen«, antwortete die kleine Maus. »Und Ihr Mobiliar erst!« Bewundernd deutete sie auf die Couchgarnitur. »Es zeugt von einem äußerst erlesenen Geschmack. Bei Ihnen fühlt man sich einfach sofort wohl.«

Picandou errötete und sein Herz machte einen wohligen Hüpfer – genau wie damals bei Gruyère. Aber an Gruyère wollte er jetzt lieber nicht denken. Er wünschte sich nur, dass diese süße Mäusedame seine Pfote nie wieder loslassen würde.

Plötzlich beugte sich die kleine Maus vor und flüsterte ihm ins Ohr: »Sagen Sie, ist nicht noch etwas von diesem herrlichen Käse von gestern Abend übrig?«

»Ja«, flüsterte Picandou zurück. Seine Ohren glühten. »Oben im Laden.«

»Im Laden? Oh, bitte zeigen Sie mir doch ihren Laden.«

»Ähm ja – natürlich! Sehr gerne –« Picandou zögerte. »Es … es ist nur …«, stammelte er. Er war hin- und hergerissen. Die Glocken hatten noch nicht sieben Mal geschlagen, und das bedeutete, dass Margarethe und Frau Fröhlich noch im Geschäft sein mussten. Andererseits war ihm klar, dass die anderen gleich aufwachen würden, und dann wäre es mit der schönen Zeit zu zweit erst einmal vorbei. Der Gedanke, der kleinen Mäusedame ganz allein sein Reich zu zeigen, ließ Picandou freudig erschaudern.

»Wir könnten ja schon mal die Treppe hinaufgehen«, sagte er leise. »Aber oben müssen wir warten, bis Frau Fröhlich und Margarethe weg sind.«

Die Maus nickte zustimmend. »Kommen Sie«, flüsterte sie. Sie erhob sich, ohne seine Pfote loszulassen, und führte ihn aus der Höhle.

»Aber wie gesagt, wir müssen schon sehr vorsichtig sein … «, murmelte Picandou, der ihr wie hypnotisiert folgte. Er hätte ihr bis ans Ende der Welt folgen können, solange er ihre zierliche Pfote in der seinen spürte.

Als sie die Treppe erreichten, deutete die kleine Maus auf ihr gebrochenes Füßchen. »Ich fürchte, ich werde für diesen Teil Ihre Hilfe in Anspruch nehmen müssen«, sagte sie.

Dieser Bitte kam Picandou nur allzu gerne nach. Er hob sie hoch und setzte sie auf der ersten Stufe ab. Überrascht stellte er fest, dass sie nicht mehr ganz so federleicht war wie am Abend zuvor. Er kletterte hinterher und hievte sie dann auf die nächste Treppenstufe. So ging es langsam voran, bis sie den oberen Treppenabsatz erreichten und Picandou erschöpft zusammensackte. Die kleine Maus aber humpelte neugierig zur angelehnten Kellertür. Picandou schnaufte hinterher und versuchte, sich nichts von seiner Erschöpfung anmerken zu lassen.

Vorsichtig spähten sie in den Laden. Die Abendsonne spiegelte sich auf den Fliesen und im Schloss der Ladentür steckte ein Schlüssel.

Picandou wusste, was das bedeutete: Sie würden nicht mehr lange warten müssen. Aus der Küche hörte er die Stimmen von Margarethe und Frau Fröhlich, die gerade aufräumten.

Die kleine Maus sah sich staunend um. Vor ihnen auf den Regalen türmten sich Gläser mit Marmelade und Teller mit Keksen und Kuchen. Das Beste aber war ein würziger Duft, gepaart mit Kuhmilch-cremig und einem Hauch alter Socken. Er kam aus einer weißen Theke mit einer Glashaube, die unweit der Kellertür stand. Unter der Glashaube thronten prächtige Käseräder, Camemberts, Schafskäse, Ziegenkäse, sogar ein Roquefort war dabei.

»Mein Reich«, sagte Picandou und breitete feierlich die Pfoten aus. »Ich kenne jeden Käse da oben persönlich. Mit Namen und Herkunft.«

»Wirklich?« Die kleine Maus war beeindruckt. Der Duft und der Anblick hatten ihr sichtlich den Atem verschlagen. Ergriffen schauten beide zur Käsetheke hinauf.

»Ja«, flüsterte ihr Picandou ins Ohr. Seine Brust schwoll an vor Stolz. »Appenzeller und Gruyère aus der Schweiz, Picandou, Camembert, Saint Albray und ein ausgezeichneter Roquefort aus Frankreich, Harzer Roller und Allgäuer Bergkäse aus Deutschland, Gouda und Edamer aus Holland, Cheddar und Stilton aus Eng-«

Die kleine Maus klatschte in die Pfötchen. »Auf was warten wir eigentlich noch?«, rief sie. »Hinein ins Vergnügen, wie Signor Francesco zu sagen pflegte.« Und bevor Picandou sie zurückhalten konnte, humpelte sie schon mit erstaunlicher Geschwindigkeit hinüber zur Käsetheke.

»Moment!«, rief der Mäuserich erschrocken. »Das … das geht nicht! Wir müssen warten, bis Frau Fröhlich und Margarethe nach Hause gegangen sind. Ich könnte Ihnen aber so lange noch etwas über die anderen Käsesorten erzählen, wenn Sie möchten. Wir sind noch längst nicht mit allen durch …«

Doch die kleine Maus hatte schon das Regal neben der Theke erreicht.

»Sei so lieb und hilf mir da hoch, Mausi«, rief sie Picandou zu und deutete auf das unterste Regalbrett.

Es klang ein wenig wie ein Befehl, aber das nahm Picandou nicht wahr. Sie hatte gerade »Mausi« zu ihm gesagt! Wieder wurde ihm abwechselnd heiß und kalt und sein kleines Mäuseherz klopfte ein bisschen schneller als sonst.

Dann fiel ihm wieder ein, dass sie den Laden jetzt noch nicht betreten durften. Er musste sie sofort zurückholen! Eilig lief er zu ihr hinüber und ergriff ihre Pfote, um sie wegzuziehen.

»Hör zu, wir müssen sofort hier raus –«, begann er, und dann bemerkte er, wie ihr Blick plötzlich an ihm vorbeiglitt und sie erstarrte. Bevor er sich umdrehen konnte, hörte Picandou den Schrei. Margarethe hatte ihn ausgestoßen – ein spitzes, panisches »Das gibt's doch nicht!«

Entsetzt starrten er und Margarethe einander an. Picandou wurde fast schwarz vor Augen. Diese Begegnung hätte nie stattfinden dürfen, schon gar nicht so! Margarethe war lautlos aus der Küche gekommen, einen Schrubber in der einen und einen Wassereimer in der anderen Hand. Jetzt setzte sie den Eimer scheppernd ab und ging zum Angriff über. Sie hielt den Schrubber wie ein Schwert mit beiden Händen vor sich und rannte damit auf die zwei Mäuse zu.

»Lauf!«, schrie Picandou. Er zog die kleine Mäusedame hinter sich her und sie rannten um ihr Leben.

Margarethe war ihnen dicht auf den Fersen. Immer wieder donnerte der Schrubber knapp neben ihnen auf den Boden. »Gerda!«, rief Margarethe. »Komm schnell!«

Die Mäuse hatten inzwischen die Kellertür erreicht und sprangen und purzelten die Treppe hinab. Noch bevor sie unten angelangt waren, wurde die Tür zugeschlagen und dahinter waren aufgeregte Stimmen zu hören.

»Gerda, es ist entsetzlich: Wir haben Mäuse im Laden!«

»Bist du sicher?«

»Ja, ganz sicher!«

»Oje! Sollen wir Fallen aufstellen?«, fragte Frau Fröhlich. »Oder einen Kammerjäger holen? Was meinst du?«

Mehr hörte Picandou nicht, denn die aufgeregten Stimmen entfernten sich jetzt. Er war unter seinem Fell käseweiß geworden. So etwas war ihm in all den Jahren, die er nun schon bei Frau Fröhlich wohnte, noch nie passiert! Immer hatten sie harmonisch nebeneinander gelebt, und jetzt das! Es war eine Katastrophe!

»Das ist furchtbar«, flüsterte er. Er zitterte am ganzen Körper. »Ganz furchtbar. Wir müssen sofort die anderen warnen!«

Sie hatten die Höhle fast erreicht, da blieb die kleine Maus stehen. Sie ergriff seine Pfoten und zog ihn zu sich. Beinahe berührten sich ihre Nasenspitzen.

»Bitte beruhige dich«, flüsterte sie. »Nichts müssen wir.« Ihre Stimme war sanft, aber entschieden. »Lass uns nicht unnötig Angst und Schrecken bei deinen Freunden schüren. Was geschehen ist, ist geschehen. Aber wir zwei warten erst mal ab, ob die da oben wirklich etwas unternehmen. Bis dahin bleibt es unser kleines Geheimnis. Einverstanden, mein Held?«

Plötzlich drückte sie ihm ein Küsschen auf die Nase. Die Schmetterlinge in Picandous Bauch flogen drei Loopings. Er fühlte sich, als wäre er gerade mindestens drei Millimeter gewachsen, und zum zweiten Mal innerhalb von wenigen Minuten wäre er fast ohnmächtig geworden. Er konnte keinen klaren Gedanken mehr fassen, deswegen nickte er nur.

»Unser kleines Geheimnis«, murmelte er. Wäre er nicht so furchtbar durcheinander gewesen, dann hätte er vielleicht bemerkt, dass die kleine Maus, trotz ihres gebrochenen Beinchens, genauso schnell wie er zur Kellertür gerannt war. Aber das fiel ihm erst sehr viel später auf.

Kapitel 6

Madame Roquefort

Als sie die Höhle betraten, streckte Pomme de Terre gerade die Pfoten aus seiner Sardinendose und gähnte ausgiebig.

»Moin, moin«, murmelte er. »Irgendwas hat mich geweckt. Habt ihr das auch gehört?«

Die kleine Maus sah ihn überrascht an. »Was denn?«, fragte sie unschuldig und schielte zu Gruyère und Bertram, die immer noch fest schliefen.

»Es klang wie ein Schrei«, sagte Pomme de Terre. »Ich glaube sogar – es klang wie Margarethe.«

Die Mäusedame schüttelte den Kopf. »Ich hab nichts gehört. Du etwa?« Sie schaute Picandou von der Seite an. Und obwohl der eigentlich nicht vorgehabt hatte zu flunkern, schüttelte auch er den Kopf.

»Du hast wahrscheinlich nur geträumt«, sagte die kleine Maus zu Pomme de Terre und strahlte ihn an. »Manchmal wirken Dinge im Traum ganz echt.«

»Das kann ich bestätigen«, tönte es aus dem Sahnebecher. »Ich träumte gerade von zarten jungen Salatblättern mit sonnengereiften Tomaten und knackigen Kohlrabistücken. Geschmacklich ein Traum … leider nur ein Traum.« Bertram räkelte sich, dabei rollte der Becher mit Bertram über den Boden und stieß gegen Gruyères Käseschachtel.

Die Rattendame blinzelte und setzte sich verschlafen auf. »Ihr seid schon alle wach?«, fragte sie.

»Allerdings«, seufzte Bertram und krabbelte aus dem Becher. »Das war eine ungemütliche Nacht. Ich habe kaum ein Auge …« Er brach ab, als er die kleine Maus erblickte. »Oh, guten Morgen, Madame«, rief er und machte sofort eine tiefe Verbeugung. »Haben Sie gut geruht, meine Verehrteste?«

»Sehr gut sogar«, sagte die kleine Maus. »Dank Ihnen. Aber wollen wir nicht alle einfach Du zueinander sagen?«

»Unbedingt«, rief Bertram erfreut und rieb sich die Pfoten. Er trat etwas näher an sie heran. »Übrigens, bei all der Aufregung gestern Nacht haben wir ganz vergessen uns vorzustellen. Ein unverzeihlicher Fehler.« Er verbeugte sich nochmals. »Gestatten, Bertram von Backenbart, Goldhamster aus edelstem Goldhamster-Geblüt, Muskeltier und …«

Picandou verdrehte die Augen. Musste sich der Hamster schon wieder in den Mittelpunkt stellen?

»Also, ich bin Picandou Camembert Saint Albray«, unterbrach er ihn.

»Was für ein feiner Name!« Die Mäusedame klatschte in die Pfoten. »Ich ahne auch, wo du ihn herhast.«

»Ähm, ja.« Picandou betrachtete verlegen seine Krallenspitzen. Die Sache mit seinen Namen war ihm ein wenig peinlich, seit Pomme de Terre sich bei ihrem Kennenlernen darüber lustig gemacht hatte. Schnell fuhr er fort: »Und das hier sind Pomme de Terre und Gruyère Reserve, die anderen Muskeltiere. Wir sind nämlich alle Muskeltiere – nicht nur der Hamster.« Er warf Bertram einen genervten Blick zu.

»So, so, Muskeltiere?« Die Maus legte den Kopf zur Seite und betrachtete die vier neugierig.

Bertram winkte ab. »Ich weiß, ich weiß«, rief er und zwinkerte ihr zu. »Von Muskeln keine Spur. Aber mit wem bitte schön haben wir die Ehre?«

»Ein Herr mit Manieren!« Die Maus schenkte ihm ein bezauberndes Lächeln. »Mein Name ist …« Sie zögerte kurz. »… Roquefort.«

»Etwa wie die Käsesorte?«, rief Picandou.

Die kleine Maus nickte.

Picandou konnte seine Begeisterung kaum verbergen. »Du bist also, genau wie ich, nach einem *Käse* benannt?! Noch dazu nach einem französischen?! Was für ein unglaublicher Zufall!«

Oder vielleicht doch kein Zufall, dachte er bei sich, sondern Schicksal – *zwei* Mäuse mit französischen Käsenamen! So oft gab es das bestimmt nicht auf der Welt.

Er lächelte die kleine Maus an. Sie lächelte zurück. Nur Gruyère, die das sehr wohl bemerkte, lächelte nicht.

»Wie charmant«, rief Bertram. »Darf man dann ›Madame Roquefort‹ zu Ihnen … ich meine, zu dir sagen?«

»So werde ich in der Tat genannt«, antwortete die Maus, neigte das Köpfchen und legte die Krallenspitzen aneinander. »Und jetzt, wo das erledigt ist – sollten wir zum angenehmen Teil des Abends übergehen: Ich habe nämlich einen gewaltigen Hunger.«

»Dem kann ich nur zustimmen, Madame«, sagte Bertram.

Picandou schob ihn beiseite. »Der Müllsack wartet!«, rief er und reichte Madame Roquefort seine Pfote.

Pomme de Terre nahm ihre andere Pfote. »Na denn man tau!«

»Es ist noch etwas zu früh«, sagte Gruyère und verschränkte die Arme vor der Brust. Das komische Ziehen in ihrem Magen war plötzlich wieder da. »Die Kirchenglocken haben noch nicht geschlagen.«

»Stimmt.« Picandou seufzte. Noch eine Begegnung mit Margarethe wäre mehr als eine Katastrophe, das wäre das endgültige Aus. Und darauf wollte er es auf keinen Fall ankommen lassen. Im Stillen hoffte er ja, dass Madame Roquefort recht behalten würde: Margarethe würde nichts unternehmen, weil sie im Nachhinein glaubte, sie hätte sich alles nur eingebildet. Aber damit das klappte, durfte sie nie wieder einer Maus begegnen. Ab jetzt galt also äußerste Vorsicht und die Käsetheke würden sie auf längere Zeit meiden müssen.

In der Ferne schlugen die Kirchturmglocken. Picandou zählte mit. »Sieben Mal«, sagte er.

Kurz darauf hörten sie oben die Schritte und Stimmen der beiden Frauen. Dann schlug die Ladentür zu, der Schlüssel wurde im Schloss umgedreht und dann war es still.

»Okay«, sagte Pomme de Terre, der schon ganz kribbelig war. »Ab in den Müllsack!«

Es wurde noch ein sehr netter Abend. Madame Roquefort hatte auf dem Weg zum Waschbecken einen Rückzieher gemacht und den Muskeltieren erklärt, dass sie wegen ihres kaputten Beinchens nicht durch das Abflussrohr krabbeln konnte. Sie bat daher um ein Picknick in der Höhle. Da es angefangen hatte zu regnen, hatte niemand etwas dagegen. Die Muskeltiere liefen so lange zwischen Müllsack und Keller hin und her, bis sie ein schönes Mahl zusammengestellt hatten, das sie neben Madame Roquefort auf dem Schwamm auftischten.

Gruyère fürchtete schon, wieder hungrig ins Bett gehen zu müssen, aber diesmal hielt sich Madame Roquefort beim Essen sehr zurück. Im Gegenteil, sie war sogar ausgesprochen aufmerksam Gruyère gegenüber und reichte ihr die schönsten Tortenstücke. Gruyère, die anfangs sehr schweigsam war, taute langsam auf, denn Madame Roquefort brachte alle mit ihren lustigen Geschichten aus dem Restaurant zum Lachen.

Signor Francesco hieß in Wirklichkeit Horst Schneider, erzählte sie, und kam nicht aus Neapel, sondern aus Nippes bei Köln. Aber für seine Gäste machte er immer einen italienischen Akzent nach und sang italienische Lieder. Nur wenn er allein war, trällerte er *Ich bin ene kölsche Jung*.

Die Muskeltiere wiederum erzählten von ihrem letzten großen Abenteuer: Sie hatten einem Menschenjungen namens Claus mit C geholfen, seinen echten Vater zu finden, und dabei sogar zwei Gauner zur Strecke gebracht.

Madame Roquefort lauschte mit tiefer Bewunderung und war voll des Lobes für die tapferen Freunde. So verging die Nacht wie im Flug, und schon bald dämmerte der Morgen vor dem Kellerfenster.

»Zeit für mein Sardinendöschen«, sagte Pomme de Terre und gähnte. Die Muskeltiere erhoben sich. Madame Roquefort aber hatte bereits die Äuglein geschlossen und schnarchte ganz sanft auf Bertrams Schwammbett. Auf Krallenspitzen räumten die anderen um sie herum auf.

Nur Bertram warf sehnsüchtige Blicke auf sein Schwammbett. Picandou bemerkte es und flüsterte ihm zu: »Weck sie jetzt nicht. Du weißt: Schlaf ist die beste Medizin.«

Seufzend quetschte Bertram sich wieder in den Sahnebecher. »Vielleicht kann ich ja morgen mein Bett wiederhaben«, lispelte er. »Sie passt viel besser in den Becher als ich. Außerdem riecht es da drin nach Sahne. Das gefällt ihr bestimmt.«

Doch auch in den nächsten Tagen und Nächten gab Madame Roquefort das Schwammbett nicht her und hatte immer einen guten Grund, warum sie dort liegen bleiben musste. Mal war ihr übel, mal hatte sie schlecht geträumt und musste sich noch ein wenig erholen und manchmal hatte sie einfach nur einen schlechten Tag. Selbst wenn sie wach war, erhob sie sich kaum, sondern bat die Muskeltiere um Hilfe oder darum, ihr eine klitzekleine Kleinigkeit aus dem Müllsack mitzubringen.

Picandou hatte sie zugeflüstert, der wahre Grund habe mit ihrem Geheimnis zu tun. Nach der überstürzten Flucht aus dem Laden habe sich ihr Beinchen wieder verschlimmert und deswegen müsse sie die ganze Zeit im Bett bleiben.

»So ein paar Krümelchen aus eurem Müllsack wären jetzt einfach zu schön«, raunte sie ihm zu. »Ich meine, natürlich nur, wenn es dir keine allzu große Mühe macht.«

»Überhaupt nicht!«, rief Picandou eifrig. Auf die Art und Weise konnte er ungestört etwas Zeit mit ihr allein verbringen.

»Bin gleich wieder da«, sagte er dann zu den anderen, die im Müllsack zu Abend aßen, und schleppte zwei Armladungen voller Leckereien zur Höhle. Als er zurückkam, wartete Madame Roquefort schon lächelnd auf ihn, den Kopf auf ihr Vorderpfötchen gestützt. Es sah einfach zu niedlich aus! Picandou genoss es, sie mit kleinen Krümelchen zu füttern.

Aber es dauerte meist nicht lange, da betrat auch schon Pomme de Terre mit ein paar Käserinden oder Crackerkrümeln die Höhle, und wenige Minuten später folgte der Hamster mit dem Nachtisch.

Gruyère, die allein im Müllsack zurückblieb, sah den dreien nachdenklich hinterher und schaute dann zum Mond hinauf, der wie der Punkt am Ende eines großen Fragezeichens über ihr hing. Ihr entging natürlich nicht, wie Madame Roquefort die Herren auf Trab hielt, und sie fragte sich, wo das wohl alles hinführen sollte.

Währenddessen wetteiferten Picandou, Pomme de Terre und Bertram darum, Madame Roqueforts Wünsche zu erfüllen.

»Bitte, könnte ich noch etwas zu trinken haben?«, rief sie von ihrem Bett aus, und schon kam Bertram, gefolgt von den anderen beiden, mit einem Kronkorken voll Wasser angeschossen. »Sei doch so lieb, mein Mäusepups, und mach die Krümel hier weg«, rief sie Pomme de Terre zu. »Und trag am besten gleich den Abfall raus!« Es dauerte nicht mal eine Viertelsekunde, und schon war er an ihrer Seite und klopfte das Schwammbett für sie sauber.

»Schnuckeltierchen«, flüsterte sie Picandou zu und klimperte dabei mit ihren langen Wimpern, »würdest du mir bitte den Rücken kraulen?«

Keiner der drei schlug ihr je eine Bitte ab, besonders nicht Picandou, der bis über beide Ohren errötete, wenn sie ihn Schnuckeltierchen oder Mausi nannte. Pomme de Terre sang ihr Seemannslieder vor und Bertram unterhielt sie mit Geschichten, die er in seinem alten Leben von Tassilos Hör-CDs aufgeschnappt hatte.

Bertram hatte sich inzwischen sogar mit seinem Sahnebecher abgefunden, allerdings hatte er Ringe unter den Augen, weil er so schlecht schlief. Aber er beschwerte sich nicht und er schien durch die Rumrennerei sogar etwas abgenommen zu haben.

Nur Gruyère, die das Ganze mit wachsender Sorge beobachtete, nahm Picandou schließlich beiseite: »Wann bekommt Bertram eigentlich sein Schwammbett wieder? Mir scheint, er schläft sehr schlecht. Und er ist auch ganz abgemagert … für seine Verhältnisse, meine ich.«

Picandou winkte ab. »Also erstens: Eine kleine Diät schadet ihm überhaupt nicht. Zweitens: Es ist nicht *sein* Schwammbett, sondern meins. Und drittens ist sie unser Gast und hat ein verletztes Beinchen. Da sollte man doch Rücksicht nehmen!«

Gruyère schüttelte nur ratlos den Kopf. Warum nur ließ sich Picandou von dieser Madame so ums Krällchen wickeln?

Eines Abends, als die anderen drei schon in der Höhle verschwunden waren, machte Gruyère einen kleinen Spaziergang zur *Pizzeria Francesco*. Sie war erleichtert, als sie sah, dass ein Gerüst vor dem Gebäude stand und jemand begonnen hatte, die Fassade zu streichen. Das bedeutete bestimmt, dass das Restaurant bald wieder eröffnen würde.

Dann kehrt Madame Roquefort in ihren Laden zurück und alles wird so wie früher, dachte Gruyère bei sich.

Noch ahnte sie nicht, wie sehr sie sich da täuschte.

Kapitel 7

Besuch und eine Überraschung

Picandou hatte das »kleine Geheimnis« sehr gut gehütet und niemandem von der unglücklichen Begegnung mit Margarethe erzählt. Die Tür blieb weiterhin verschlossen und weder Frau Fröhlich noch Margarethe waren seit jenem schrecklichen Tag in den Keller gekommen.

Ab und zu kletterte Picandou die Treppe hinauf und lauschte sicherheitshalber an der Tür. Manchmal hörte er die Stimmen von Margarethe und Frau Fröhlich, aber sie sprachen zu Picandous Erleichterung weder von Mäusen noch von einem Kammerjäger. Madame Roquefort hatte recht gehabt, die Gefahr schien gebannt. Diesmal waren sie noch knapp davongekommen und es war gut, dass er seinen Freunden nichts davon erzählt hatte, denn das hätte nur für unnötige Aufregung gesorgt.

Den anderen Muskeltieren fiel zwar auf, dass die Tür länger als sonst verschlossen blieb, aber keiner von ihnen wunderte sich sonderlich darüber. Nur Gruyère sagte einmal, es sei doch eigentlich schade, dass sie nichts mehr aus der Käsetheke stibitzen konnten.

Eines Tages aber ging die Tür wieder auf und kurz darauf rief eine helle Stimme nach ihnen. Bertram erkannte sie sofort wieder.

»Claus ist da!«, rief er aufgeregt und zu Madame Roquefort sagte er: »Du musst ihn unbedingt kennenlernen. Er ist so ein netter Menschenjunge.«

»Ein Mensch? Auf keinen Fall«, rief Madame Roquefort entsetzt. »Habt ihr etwa Regel Nummer Eins gebrochen?«

»Natürlich nicht«, antwortete Bertram entrüstet.

Regel Nummer Eins besagte, dass kein Tier mit Menschen sprechen durfte. Das wussten die Muskeltiere natürlich und sie hatten sich auch immer daran gehalten.

»Allerdings verstehen wir einander auch ohne zu schnacken«, fügte Pomme de Terre hinzu. Schließlich besagte die Regel nichts darüber, ob man den Menschen auch schreiben durfte. Und da Bertram bei Tassilo heimlich Lesen und Schreiben gelernt hatte, schrieb er Claus kleine Nachrichten.

»Claus ist eine Ausnahme«, erklärte Bertram. »Und ich weiß, dass er unser Geheimnis wie sein eigenes Leben hütet.«

»Pfff«, machte Madame Roquefort nur und schaute den Muskeltieren misstrauisch nach, als sie aus der Höhle trippelten. »Trau nie einem Menschen über den Weg. Das bringt nur Ärger«, rief sie ihnen hinterher. Doch keiner antwortete darauf, nicht einmal Picandou.

Claus saß schon auf der untersten Treppenstufe und wartete auf sie. Als sich die Muskeltiere vor ihm verneigten, breitete sich ein Lächeln auf seinem Gesicht aus. Oben aus dem Laden waren die Stimmen von Margarethe, Frau Fröhlich und Clausens Tante zu hören.

»Es ist schön, euch wiederzusehen«, flüsterte Claus. »Ihr habt mir gefehlt. Geht es euch gut?«

Drei Muskeltiere nickten eifrig. Am eifrigsten nickte Picandou, denn es ging ihm gerade blendend. Madame Roquefort hatte ihm in letzter Zeit immer öfter verliebte Blicke zugeworfen und ihn getätschelt, wenn sie allein waren. »Unser kleines Geheimnis«, dachte er glücklich. Nur Gruyère hatte auf Clausens Frage hin nicht genickt. Sie hatte ja bemerkt, dass Picandou sich irgendwie verändert hatte. In letzter Zeit hatte er nur noch Augen für Madame Roquefort und manchmal kam sich Gruyère ziemlich überflüssig vor.

Claus hatte einen Rucksack dabei. Den öffnete er jetzt und holte Papier und Tinte hervor. Er legte das Blatt vor Bertram auf den Boden und schraubte den Deckel vom Tintenfass ab.

»Was treibt ihr so?«, fragte er.

Bertram tauchte sein Krällchen ein und berichtete in wenigen Worten vom Feuer und von der süßen Maus, die sie gerettet hatten.

»Oh, das klingt ja sehr aufregend«, sagte Claus. »Darf ich eure neue Freundin auch kennenlernen?«
Bertram schüttelte den Kopf und schrieb:

Su Shüchtern

»Verstehe«, sagte Claus, und dann erzählte er noch, dass seine Tante bald wieder einen Besuch in Ägypten plane. »Ich glaube, sie und mein Papa mögen sich wahnsinnig gern«, flüsterte er. »Ich glaube, sie ist sogar in ihn verliebt.«

In dem Moment rief seine Tante aus dem Laden nach ihm.

»Ich komme gleich«, rief Claus zurück und beugte sich nochmals zu den Muskeltieren.

»Wollt ihr nicht zu mir ziehen?«, sagte er leise. »Tante Lottis Haus ist riesengroß, außerdem sieht es ja ein bisschen aus wie die *Traviata*, das gefällt euch bestimmt. Und ich würde euch mit den leckersten Sachen verwöhnen.«

Doch die Muskeltiere schüttelten entschieden den Kopf.

suHAuSe

schrieb Bertram und deutete mit seinem Degen in Richtung Höhle.

»Ich weiß schon«, sagte Claus ein wenig enttäuscht. »Trotzdem, irgendwann müsst ihr mich mal besuchen.«

»Claus«, rief seine Tante jetzt wieder. »Frau Fröhlich will den Laden schließen. Außerdem wartet unser Tisch schon.«

Claus erhob sich. »Wir gehen mit Frau Fröhlich und Margarethe essen«, flüsterte er. Er ging kurz in die Knie und strich den Muskeltieren über die Ohren. »Ich komm euch bald wieder besuchen.«

Dann sprang er die Treppe hinauf und kurz darauf wurde oben die Ladentür abgeschlossen. Jetzt war nur noch das regelmäßige Klopfen der Regentropfen an der Kellerfensterscheibe zu hören.

»So ein nettes Menschenkind«, seufzte Bertram.

»Allerdings«, sagte Pomme de Terre. Auch Gruyère und Picandou nickten zustimmend. Das war er wirklich!

Madame Roquefort kam aus der Höhle gehumpelt. Sie hatte Clausens Schritte auf der Treppe gehört, aber sicherheitshalber warf sie einen prüfenden Blick nach oben.

»Schaut mal«, rief sie und deutete aufgeregt hinauf. »Die Kellertür ist wieder offen. Da hatte der Besuch von eurem Menschenkind ja doch etwas Gutes. Wir sollten die Gelegenheit unbedingt nutzen!«

Die Muskeltiere folgten ihrem Blick. Tatsächlich, Claus hatte die Tür nur angelehnt.

Madame Roquefort lächelte hoffnungsvoll in die Runde. »Wie wäre es mit einer schönen kleinen Käsevorspeise?«, flötete sie und ihre Augen blitzten.

»Spitzenidee. Da bin ich dabei«, sagte Pomme de Terre.

»Ich auch«, rief Bertram überschwänglich, obwohl er keinen Käse mochte.

»Warum nicht?«, meinte Gruyère schulterzuckend.

Picandou zögerte als Einziger. Er war hin- und hergerissen. Einerseits mussten sie nach dem, was geschehen war, sehr vorsichtig sein, andererseits hatte er nun endlich die Gelegenheit, Madame Roquefort seine wunderbare Käsetheke zu zeigen.

Er stellte sich vor, wie sie Pfote in Pfote an all den herrlichen Käsesorten vorbeispazierten, den köstlichen Käseduft einatmeten und Madame Roquefort bewundernd und tief beeindruckt seinen Worten lauschte.

Der Gedanke gefiel Picandou so sehr, dass er seine Zweifel beiseiteschob. Margarethe und Frau Fröhlich würden heute Abend bestimmt nicht so schnell zurückkehren und wer wusste schon, ob die Tür am nächsten Tag noch offen stehen würde …

Jetzt erst bemerkte er, dass die anderen schwiegen und sich acht Augenpaare erwartungsvoll auf ihn richteten.

»Ausgezeichnete Idee!«, rief er im Brustton der Überzeugung. Er wandte sich an seine drei Freunde: »Holt doch schon mal ein paar schöne Leckereien aus dem Müllsack, während wir zwei«, er warf Madame Roquefort einen verheißungsvollen Blick zu, »uns um den Käse kümmern.«

Gruyère war sein Blick nicht entgangen und ihr gefiel der Vorschlag überhaupt nicht.

»Wie wäre es, wenn *ich* mit Madame Roquefort hinaufgehe?«, fragte sie.

»Nein«, widersprach Picandou entschieden. »Du weißt, den Käse muss man mit allergrößter Vorsicht abnagen, damit man keine Spuren hinterlässt, und darin bin ich nun mal Experte.«

Gruyère ließ nicht locker. »Dann geh ich mit dir«, sagte sie. »Letztes Mal, als wir zusammen Käse geholt haben, hast du mich sehr für meine Vorsicht gelobt.«

Picandou wurde ungehalten. »Aber sie ist unser Gast und sie war noch nie …«

Madame Roquefort legte eine Pfote auf seine Schulter. »Gruyères Vorschlag ist doch sehr schön«, unterbrach sie ihn mit einem sanften Lächeln. »Wir versprechen auch, ganz, ganz vorsichtig zu sein. Und du schaust später noch mal nach, ob wir alles richtig gemacht haben, okay?« Sie zwinkerte ihm zu. »Bitte, bitte.«

Picandou versank wieder in ihren schönen Laternenaugen und nickte willenlos. Er konnte ihr einfach nichts abschlagen.

Gruyère und Madame Roquefort kletterten die Treppe hinauf und spähten vorsichtig durch den Türspalt in den Laden. Das Straßenlicht schimmerte matt durch die Scheiben, erleuchtete hier und da die Bodenfliesen und spiegelte sich im Glas der Käsevitrine. Unter den Regalen und neben der Käsetruhe, wo das Licht nicht hinreichte, lagen tiefschwarze Schatten.

»Ich sehe leider nicht besonders gut im Dunkeln«, sagte Madame Roquefort leise. »Und du?«

»Geht so«, murmelte Gruyère kurz angebunden. Sie wandte sich zur Tür, um zu schauen, ob Picandou ihnen nicht doch gefolgt war. Er war nirgends zu sehen. Gruyère atmete tief durch. Ihr Herz klopfte etwas schneller als sonst, aber sie nahm all ihren Mut zusammen. Auf diesen Moment, wo sie mit Madame Roquefort endlich allein war, hatte sie gewartet. »Hör zu«, sagte sie und blickte die kleine braune Maus entschlossen an. »Ich will, dass du meinen Picandou in Ruhe lässt. Er gehört nämlich zu mir.«

Madame Roquefort starrte sie an und für einen Moment schien es ihr die Sprache verschlagen zu haben. »Was?!«, rief sie, als sie sich wieder gefangen hatte. »*Deinen* Picandou? *Du* und er?!« Jetzt kicherte sie. »Eine Maus und eine Ratte? Das ist nicht dein Ernst! Ich meine … das ist doch etwas merkwürdig, findest du nicht?«

Gruyère fing innerlich an zu schäumen. So hatte sie sich das Gespräch eigentlich nicht vorgestellt. Madame Roqueforts Glucksen wurde immer lauter und schließlich musste sie sich vor Lachen den Bauch halten. »Ich meine, dass ihr euch überhaupt ineinander verliebt habt …«, japste sie und brach erneut in Gelächter aus.

Gruyère war kurz davor zu platzen. »Haben wir aber«, zischte sie. »Deswegen – lass ihn in Ruhe!«

»Meine Güte.« Madame Roquefort verdrehte die Augen. »Dein Picandou interessiert mich nicht die Bohne. Was denkst denn du?«

Gruyère glaubte ihr kein Wort. »Das sieht aber ganz anders aus.«

»Ach was.« Madame Roquefort machte eine wegwerfende Pfötchenbewegung. »Glaub mir, da habe ich ganz andere Verehrer.«

»Wirklich?«

»Wirklich!« Madame Roquefort sah ihr dabei so fest in die Augen, dass Gruyère sich fragte, ob sie sich die verliebten Blicke zwischen Picandou und der kleinen braunen Maus nur eingebildet hatte. Nannte sie nicht Bertram und Pomme de Terre auch »Schnuckeltierchen« und »Mausi«? Trotzdem nagte immer noch ein leiser Zweifel an ihr. Sagte Madame Roquefort auch wirklich die Wahrheit?

Die kleine Maus schien ihre Gedanken zu lesen. Sie rückte etwas näher heran und flüsterte Gruyère ins Ohr: »Ich verrate dir ein Geheimnis, von dem niemand sonst etwas weiß: Ich habe einen Verlobten. Was soll ich da mit deinem Picandou?«

Sie warf Gruyère ein aufmunterndes Lächeln zu, nahm ihre Pfote und drückte sie sanft. »Komm«, flüsterte sie. »Der Käse wartet. Jetzt zeigen wir deinem Picandou, dass wir die besten Käseklauer in ganz Hamburg sind, einverstanden?«

Als Gruyère immer noch zögerte, knuffte Madame Roquefort sie in die Seite und kicherte: »Glaub mir, dein kleines Dickerchen kannst du echt gern behalten.«

Gruyère gab sich einen Ruck und trippelte der Maus hinterher, die schon zur Käsetheke gehumpelt war. Gruyère zeigte auf eine Kiste.

»Da müssen wir zuerst hoch«, erklärte sie. »Und von dort kann man die Regalsprossen ganz leicht hinaufklettern.« Sie deutete auf die Sprossen, die die Regalbretter hinter der Theke hielten.

»Gut«, sagte Madame Roquefort. »Hilfst du mir bitte hoch? Mein Bein ist immer noch nicht in Ordnung«, fügte sie entschuldigend hinzu.

Gruyère hob sie hoch und die Maus schaffte es, sich am Rand der Kiste festzukrallen. Sie kletterte hinauf, hüpfte von dort aufs unterste Regalbrett und begann, die Sprossen hinaufzuklettern.

»Hey«, rief Gruyère. »Du musst mir aber auch helfen!«

Doch die Maus war plötzlich zwischen den Regalbrettern in der Dunkelheit verschwunden und antwortete nicht. Hatte sie Gruyère etwa nicht gehört? Oder war sie so scharf auf den Käse, dass sie an nichts anderes dachte?

»Madame Roquefort!«, rief Gruyère jetzt etwas lauter. Es kam keine Antwort. Gruyère spähte hinauf zur Käsetheke, auch dort rührte sich nichts. Ob ihr da oben etwas passiert war? Klemmte sie vielleicht zwischen der Kühltruhe und einem Regalbrett fest?

Gruyère rief abermals nach ihr, und als sie wieder keine Antwort bekam, wurde ihr doch etwas mulmig und sie beschloss nachzuschauen. Sie brauchte ein paar Anläufe, bis sie es mit einem Sprung schaffte, sich am Rand der Kiste festzukrallen, und kletterte von dort die Regalsprossen hinauf zum zweiten Regalfach. Dort hinein war Madame Roquefort verschwunden.

Es war stockdunkel hier, denn die Käsetheke stand direkt vor dem Regal. Gruyère wollte sich gerade durch die Dunkelheit tasten, als sie ein leises Geräusch hörte. Sie hielt inne und lauschte.

»Madame Roquefort?«, rief sie.

»Hier … ich bin hier«, stöhnte Madame Roquefort leise. »Komm bitte … hilf mir …«

Gruyère tastete sich vorsichtig in die Richtung, aus der die Stimme gekommen war. Und dann trat sie auf etwas, das auf dem Boden lag. Es schnellte hoch und traf sie an der Stirn. Gruyère erschrak, verlor das Gleichgewicht und fiel mit dem Ding nach vorne. Sie hörte ein scharfes *Ratsch!* Gleichzeitig durchfuhr sie ein stechender Schmerz und dann wurde ihr schwarz vor Augen.

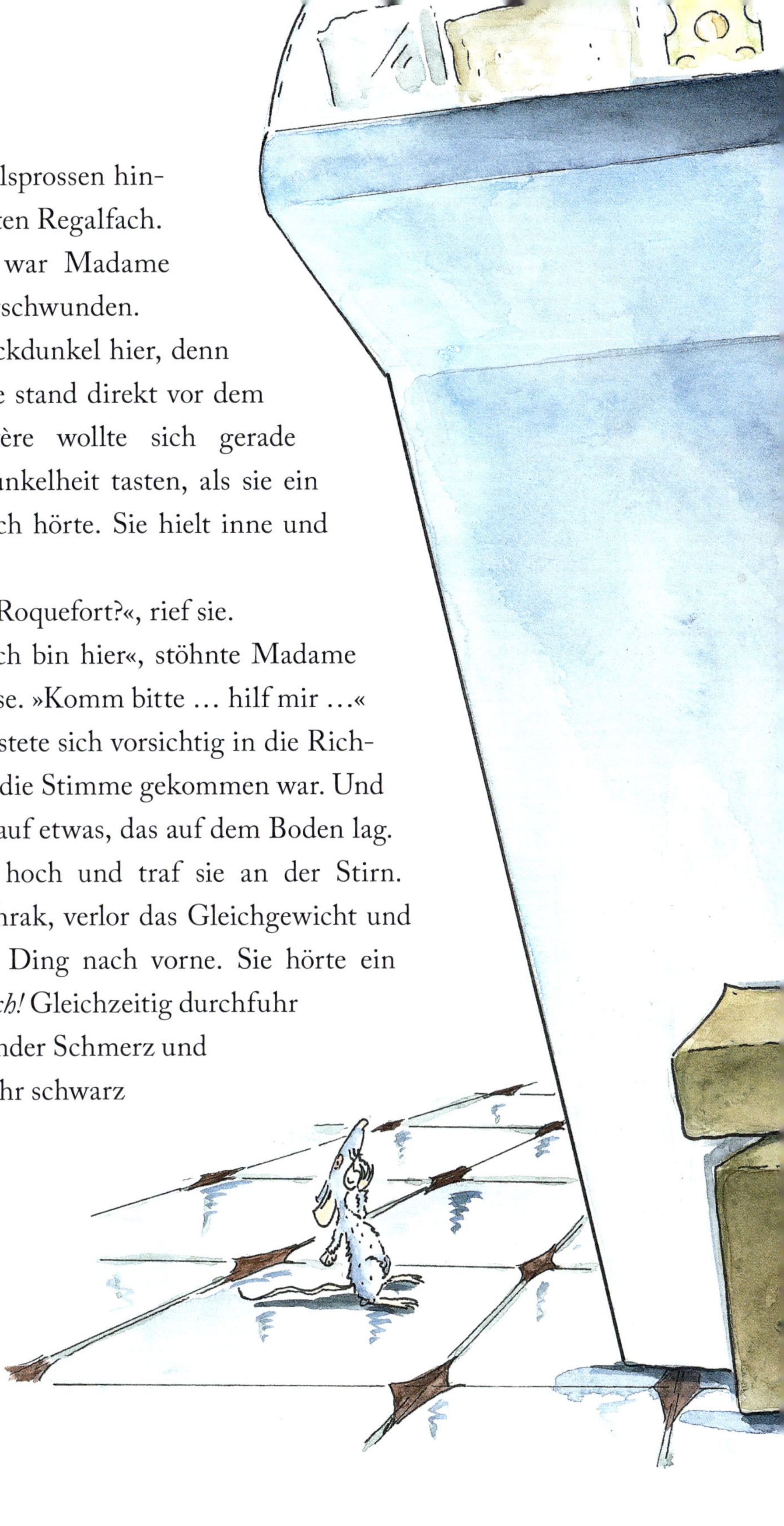

Kapitel 8

Wo ist Gruyère?

Aufgelöst und mit leeren Pfoten betrat Madame Roquefort die Mäusehöhle.

Picandou sah sofort, dass etwas nicht stimmte. »Ist etwas passiert?«, rief er beunruhigt.

»Und wo ist der Käse?«, fragte Pomme de Terre.

»Und Gruyère?«, fügte Bertram verwundert hinzu.

Madame Roquefort hob verzweifelt die Pfötchen. »Das weiß ich eben nicht! Ich dachte, sie ist vielleicht hier bei euch!«

»Nein, ist sie nicht«, sagte Bertram. »Wieso? Was ist denn geschehen?«

Madame Roquefort ließ sich auf das Schwammbett fallen. Ihre Augen waren dunkel vor Kummer.

»Sie war irgendwie merkwürdig. Auf dem Weg zur Käsetheke sagte sie plötzlich, ich solle kurz warten«, berichtete sie. »Also habe ich gewartet, aber dann war sie einfach verschwunden.«

Sie wischte sich eine Träne aus den Augen. »Ich habe immer wieder nach ihr gerufen, aber sie hat nicht geantwortet und kam auch nicht zurück. Ich verstehe es einfach nicht …« Sie brach ab und schniefte.

Bertram schüttelte den Kopf. »Das klingt so gar nicht nach Gruyère«, lispelte er. »Bist du sicher, dass ihr nichts zugestoßen ist?«

Pomme de Terre lief schon zum Höhleneingang. »Kommt, Leute, wir kucken gleich nach. Da gibt's bestimmt 'ne einfache Erklärung für.«

»Genau«, sagte Picandou ein wenig schuldbewusst. »Wahrscheinlich nur ein Missverständnis.« Dass Gruyère sich der Mäusedame gegenüber in letzter Zeit etwas frostig verhielt, war ihm nicht entgangen, und er ahnte, dass er daran nicht ganz unschuldig war. Er folgte den anderen die Stufen hinauf in den Laden.

»Wo hast du sie denn zuletzt gesehen?«, fragte er Madame Roquefort. Die trippelte in die Mitte des Raumes und blieb dort stehen. »Hier«, sagte sie weinerlich und dann zeigte sie in den hinteren Teil des Ladens, wo die Küche lag. »Dann ist sie da langgelaufen.«

Pomme de Terre hob überrascht die Brauen. »Was wollte sie denn in der *Küche*? Die putzt Margarethe jeden Abend so blitzeblank, dass es dort rein gar nix für hinter die Küsen gibt.«

»Ach, woher soll ich das wissen?«, erwiderte Madame Roquefort und presste die zierlichen Pfötchen aneinander. »Sie … sie war irgendwie komisch, das hab ich doch schon gesagt.«

»Sehr seltsam«, lispelte Bertram. »Sehr, sehr seltsam. Aber in Anbetracht der Lage sollten wir in Erwägung ziehen, dass …«

»Ich schlage vor, wir teilen uns auf«, unterbrach ihn Picandou ungeduldig. Sie mussten Gruyère unbedingt finden, bevor Margarethe und Frau Fröhlich von ihrem Abendessen zurückkehrten. »Ihr sucht die Küche ab und Madame Roquefort und ich übernehmen den Laden.«

Bertram warf ihm einen genervten Blick zu. Picandous herrischer Ton gefiel ihm überhaupt nicht. Was musste der Mäuserich sich vor Madame Roquefort immer so aufspielen? Doch er hielt sich zurück, schließlich galt es, Gruyère zu finden.

Er und Pomme de Terre trippelten in die Küche und begannen dort die Ecken gründlich abzusuchen. Picandou und Madame Roquefort nahmen sich den Laden vor. Immer wieder riefen sie nach der Ratte – doch die blieb spurlos verschwunden.

»Ihr wart doch auf dem Weg zur Käsetheke«, sagte Picandou, nachdem sie jeden Winkel abgesucht hatten. »Vielleicht schau ich dort noch mal nach.« Er lief zur Kiste und wollte zum Regal hinaufklettern, doch Madame Roquefort hielt ihn am Arm fest.

»Da ist sie ganz bestimmt nicht«, sagte sie hastig.

Picandou wandte sich überrascht um. »Warum glaubst du …?«

Weiter kam er nicht, denn in dem Moment hörten sie vor der Ladentür die Stimmen von Frau Fröhlich und Margarethe. Waren die beiden etwa schon von ihrem Abendessen zurückgekehrt?

Picandou ergriff Madame Roqueforts Pfote. »Los, schnell weg hier!«, zischte er. »Bertram, Pomme de Terre!«

Der Hamster und der Mäuserich hatten ihn zum Glück gehört und huschten und hoppelten, so schnell sie konnten, zur Kellertür. Da wurde auch schon der Schlüssel im Schloss umgedreht, Frau Fröhlich und Margarethe betraten den Laden und das Licht ging an. Die Muskeltiere witschten gerade noch rechtzeitig durch die Tür und lauschten mit klopfenden Herzen auf der anderen Seite.

»Ich glaube, ich hab den Schirm in der Küche stehen lassen«, sagte Margarethe. Die Muskeltiere hörten, wie sich ihre Schritte der Kellertür näherten. Und dann wurde die Tür plötzlich zugezogen.

Die vier Nager erstarrten.

»Scheibenkleister«, flüsterte Pomme de Terre.

Bertram war unter seinem Fell ganz blass geworden. »Jetzt kommt Gruyère nicht mehr raus!«, flüsterte er erschrocken.

»Und wir nicht mehr rein, um sie zu suchen«, stellte Picandou fest. Er war nun auch etwas beunruhigt.

Pomme de Terre zupfte sich nachdenklich an den Schnurrhaaren. »Es gibt noch einen Weg«, murmelte er. »Aber der ist nich' ganz ungefährlich.«

Die anderen sahen ihn neugierig an.

»Welcher denn?«, fragte Bertram.

»Durch die Ladentür, wenn die zwei wieder rausgehen.«

»Aber was ist, wenn sie uns dabei erwischen?«, rief Picandou.

Pomme de Terre breitete die Pfoten aus. »Das ist ja das Gute – die wissen nich', dass es uns gibt, und deswegen werden sie uns auch nich' sehen. Denn wonach man nich' sucht, das sieht man nich'. Das is' doch klar wie Kloßbrühe. Wir müssen bloß vorsichtig sein.«

Bertram nickte. »Pomme de Terre hat recht!«, sagte er. »Kommt! Die gehen bestimmt bald wieder.« Er sprang die Kellertreppe hinab.

Pomme de Terre hüpfte hinterher.

»Wartet!«, rief Madame Roquefort, die auf der obersten Stufe neben Picandou stehen geblieben war. »Das ist keine so gute Idee.«

Bertram wandte sich um. »Warum?«

»Weil …« Madame Roquefort zögerte. »Weil … wie … wie kommen wir da wieder raus?«

»Na, so wie wir reingekommen sind«, antwortete Pomme de Terre. »Durch die Ladentür natürlich.«

Madame Roquefort zögerte immer noch. »Es gibt da ein kleines Problem …«, sagte sie schließlich und schielte zu Picandou. »Sie wissen nämlich doch, dass es uns gibt.«

»*Was?!*«, riefen Bertram und Pomme de Terre wie aus einem Mund.

Madame Roquefort senkte den Blick. »Wir haben es euch nie erzählt, aber … Margarethe hat uns gesehen, als … wir … einmal oben waren.«

»*Uns?*« Pomme de Terre schaute von ihr zu Picandou, der gerade angestrengt seine Krallenspitzen betrachtete. »Warum hast du uns das nicht gesagt?«

»Ich … ich …«, stammelte Picandou und warf Madame Roquefort einen Hilfe suchenden Blick zu.

»Wir wollten euch nicht beunruhigen«, sagte die Mäusedame.

»So, so«, schnaubte Bertram. »Dachtest du etwa, ihr zwei tut so, als ob nichts gewesen wäre, und dann geht das schon wieder weg?«

Picandou nickte und senkte beschämt den Blick. Er wagte es nicht, seine Freunde direkt anzuschauen.

»Aber du weißt doch, was mir damals in der *Dicken Seejungfrau* passiert ist«, rief Pomme de Terre und sah ihn vorwurfsvoll an. »Herr Klemke hat mir den Kammerjäger auf den Pelz gehetzt, und das war's dann mit meinem Zuhause.«

»Aber es ist eben nichts passiert«, sagte Picandou schnell. »Margarethe hat nur die Tür zugemacht. Dabei hätte sie reichlich Zeit gehabt, einen Kammerjäger zu holen, wenn sie es gewollt hätte.«

»Was heißt hier reichlich Zeit?«, lispelte Bertram.

»Na ja …« Picandou schaute wieder hinüber zu Madame Roquefort. »Das Ganze ist schon ein paar Tage her …«

»Ein paar Tage?! Du belügst uns schon seit ein paar Tagen und bringst uns alle damit in Gefahr?« Pomme de Terre schüttelte fassungslos den Kopf.

»Er hat euch überhaupt nicht in Gefahr gebracht. Ihr habt doch gehört, was er gesagt hat – es ist nichts passiert«, mischte sich Madame Roquefort ein. »Wie könnt ihr nur so undankbar sein? Habt ihr schon vergessen, dass er euch hier bei sich aufgenommen hat und alles, was er besitzt, mit euch teilt? Ohne ihn würdet ihr auf der Straße sitzen!«

Jetzt platzte Pomme de Terre endgültig der Kragen. »Undankbar?!«, brüllte er. »Niemand ist hier undankbar! Darum geht es überhaupt nicht. Gruyère ist da drinnen eingesperrt und wir wissen nicht, was mit ihr ist und wie wir sie da rausholen sollen!«

»Falls sie überhaupt noch da drinnen ist«, entgegnete Madame Roquefort ruhig. »Wenn sie da gewesen wäre, hätte sie doch geantwortet, als wir sie gerufen haben. Du hast selbst gesagt, man kann durch die Ladentür rausschlüpfen. Vielleicht sitzt sie ja gerade im Müllsack und genießt dort ein schönes Abendessen.«

Picandou kratzte sich verlegen hinterm Ohr. »Es könnte sein«, sagte er zögerlich, »dass … dass sie im Moment ein wenig sauer auf mich ist und es daher nicht so … so eilig hat … nach Hause zu kommen. Vielleicht machen wir uns alle umsonst Sorgen.«

Madame Roquefort war die Einzige, die zustimmend nickte.

Im Laden hörten sie wieder Schritte und Margarethes Stimme. »Ich hab ihn!«, rief sie.

»Ein Glück«, antwortete Frau Fröhlich. »Sonst wärst du auf dem Nachhauseweg klitschnass geworden.«

Wieder klapperte der Schlüssel im Schloss und dann war es still.

»Zu spät!«, murmelte Bertram. »Das klingt, als ob sie heute nicht mehr in den Laden kommen.«

Pomme de Terre seufzte. »Also gut, schauen wir uns draußen ein bisschen um.« Er sah Picandou düster an. »Könnte immerhin sein, dass der Herr hier recht hat.«

Die drei Muskeltiere kletterten durch das Abflussrohr ins Freie. Nur Madame Roquefort blieb wie üblich wegen ihres verletzten Füßchens zurück. Das war Pomme de Terre und Bertram ausnahmsweise sehr recht. Ihre anfängliche Begeisterung für die Mäusedame hatte einen kleinen Dämpfer bekommen. Vor allem aber waren sie

sauer auf Picandou, den sie keines Blickes würdigten. Dass er seine Freunde belog, war schlimm genug. Aber dass er Gruyères Verschwinden so herunterspielte, war noch viel schlimmer.

Dicke Tropfen platschten in die Pfützen, die sich überall im Hof gebildet hatten, und benetzten den Müllsack, der an der Hauswand lehnte.

»Auch das noch! Bestimmt hol ich mir jetzt noch eine mordsmäßige Erkältung«, jammerte Picandou.

Mitleid hatte keiner mit ihm. Das Wichtigste war jetzt, dass sie Gruyère fanden.

Immer wieder riefen sie nach ihrer Freundin, schauten hinter Blumentöpfen, beim Schuppen und in der Toreinfahrt nach – umsonst. Die weiße Ratte war wie vom Erdboden verschluckt.

Ratlos kratzte Pomme de Terre sich am Kopf. »Vielleicht schauen wir doch noch mal im Laden nach«, schlug er vor. Kurzerhand machten sie eine Räuberleiter. Pomme de Terre, der auf Picandous Schultern balancierte, klopfte an die Scheibe und rief Gruyères Namen, doch im Laden rührte sich nichts.

»Sie scheint nicht hier drinnen zu sein«, murmelte er enttäuscht. Der Hamster schwankte inzwischen sehr unter dem Gewicht der beiden Mäuse. Pomme de Terre sprang gerade noch rechtzeitig ab,

Picandou purzelte zu Boden und riss Bertram mit sich, der auf dem Po landete. »Und was machen wir jetzt?«, fragte er und rieb sich die schmerzende Pobacke.

»Ich schlage vor, wir suchen morgen weiter«, antwortete Picandou. Der Regen war mittlerweile kräftiger geworden und er spürte schon ein deutliches Kitzeln in der Nase und die ersten Anzeichen von Halsschmerzen. »Außerdem ist es an der Zeit für einen kleinen Imbiss«, fügte er hinzu.

Bertram, der beim Wort »Imbiss« normalerweise hellhörig wurde, rümpfte die Nase. »Mir scheint, dein Magen ist dir wichtiger als unsere Freundin. Du hast sowieso nur noch Augen für Madame Roquefort.«

»Du bist bloß eifersüchtig, weil ich ihr von uns allen am besten gefalle«, entgegnete Picandou.

»Papperlapapp!«, rief Bertram entrüstet. »Seit diese Maus bei uns wohnt, bist du nicht wiederzuerkennen. ›Mausi‹ hier, ›Schnuckeltierchen‹ da – alles andere ist dir offensichtlich egal.«

»'n echter Schmachthappen bissu geworden«, pflichtete Pomme de Terre ihm bei. »Kein Wunder, dass Gruyère das nich' mehr verknusen konnte. Wir können nur hoffen, dass sie trotzdem bald man wieder nach Hause kommt.«

Picandou schwieg beleidigt. Dass ihn die beiden für Gruyères Verschwinden verantwortlich machten, passte ihm überhaupt nicht. Er konnte doch nichts dafür, dass er sich verliebt hatte. Das war nun mal einfach passiert.

Er wieselte hinüber zum Müllsack und nahm mit, was er tragen konnte: Zitronentarte, Schokocroissantkrümel, Nudelsalat, Tomatenscheiben und gegrillte Zucchini.

»Seinen Appetit hat er jedenfalls nicht verloren«, bemerkte Pomme de Terre trocken.

»Ich schon«, sagte Bertram. »Ein Glück, dass Gruyère immer noch uns hat. Uns ist sie ja nicht egal, so wie ihm.« Er warf Picandou einen kühlen Blick zu, doch der tat so, als hätte er ihn nicht gehört.

Madame Roquefort wartete schon sehnsüchtig auf den Essens-Service, aber ihr Lächeln versiegte, als sie die ernsten Mienen der drei Muskeltiere sah. Schweigend aßen sie ihr Mahl. Es war köstlich, doch Madame Roquefort war die Einzige, der der Appetit nicht vergangen war.

Nur für einen kurzen, einen sehr kurzen Moment vergaß Picandou tatsächlich die weiße Ratte. Als er ein Eckchen Gruyère zwischen den Leckereien entdeckte, spürte er doch einen kleinen Stich. Was, wenn die anderen recht hatten?

Kapitel 9

In der Falle

Als Gruyère zu sich kam, herrschte um sie herum immer noch stockdunkle Nacht. Außerdem war es heiß und sehr stickig und es roch nach Käse. Hatte sie gerade Pomme de Terres Stimme gehört? Oder hatte sie das nur geträumt? Sie konnte sich nicht bewegen und ihr rechter Arm und ihr rechtes Bein schmerzten entsetzlich. Etwas lag auf ihr und nahm ihr fast die Luft. Sie streckte den linken Fuß aus und trat dagegen. Das Ding federte nach oben und landete wieder auf ihrer Nase. Immer wieder stieß sie dagegen, aber jedes Mal flog es an einer Seite hoch und senkte sich wieder auf sie herab. Dabei wehte ihr ein Hauch Camembert entgegen. Die frische Luft, die ihr mit jedem Stoß entgegenkam, tat gut. Gruyère nahm einen tiefen Atemzug. Sie war schon einmal unter einer Vase gefangen gewesen und deswegen wusste sie sehr wohl, dass sie nicht ersticken durfte. Mit aller Kraft stieß sie erneut gegen das

Ding und diesmal gelang es ihr, es ein Stückchen zur Seite zu schieben. Endlich bekam sie etwas mehr Luft, doch die Anstrengung hatte sie so erschöpft, dass sie den Kopf wieder sinken ließ und sofort einschlief.

Als Gruyère das nächste Mal aufwachte, sickerte etwas Tageslicht hinter die Käsetruhe. Die Ladenglocke hatte sie geweckt, und nun hörte sie, wie Frau Fröhlich eine Kundin begrüßte. Gruyère spürte ihren schmerzenden Arm, auch ihr Fuß tat furchtbar weh und war inzwischen fast taub. Vorsichtig hob sie den Kopf, und als sie erkannte, wo sie war, stockte ihr fast der Atem: Sie befand sich in einer Mausefalle! Ihr Arm und ihr Füßchen waren unter einem Metalldraht eingeklemmt. Direkt daneben klemmten mehrere Stückchen hellbraunes Holz. Gruyère schnappte erschrocken nach

Luft. Ohne diese Holzstückchen hätte die Falle ihren Arm und ihr Bein abgetrennt. Ein runder Pappdeckel steckte ebenfalls unter dem Draht fest. Das war also das Ding, das sie in der Nacht fast erstickt hatte! Er roch eindeutig nach Camembert und gehörte zu einer kaputten Käseschachtel.

Gruyère musste in der Dunkelheit über die leere Schachtel gestolpert sein, dadurch hatte sie das Gleichgewicht verloren und war in der Falle gelandet.

Schritte kamen jetzt direkt auf sie zu und jemand blieb ganz in ihrer Nähe stehen. Gruyère hielt die Luft an. Sie hörte das scharfe, wiederholte Klacken eines Messers auf Holz. Dann begriff sie: Frau Fröhlich schnitt gerade ein Stück Käse aus der Käsetheke ab. Die humpelnden Schritte der alten Dame entfernten sich wieder und kurz darauf vernahm Gruyère das Klirren der Kasse. Die Kundin und Frau Fröhlich verabschiedeten sich, die Ladenglocke bimmelte und dann wurde es wieder still.

Vorsichtig bewegte Gruyère ihre eingeklemmten Pfoten. Ein Glück – es schien zumindest nichts gebrochen zu sein. Sie versuchte sich an die letzte Nacht zu erinnern, und dann fiel ihr wieder ein, wie Madame Roquefort um Hilfe gerufen hatte. Gruyère war ihrem Ruf gefolgt und dabei direkt in die Falle getappt. Wo war die Mäusedame überhaupt? Gab es hier irgendwo noch eine zweite Falle? Mit dem freien Bein schob Gruyère das Pappdach ein Stück hoch und sah sich suchend um. Einzelne leere Käseschachteln lagen auf dem staubigen Regalbrett verstreut, aber eine weitere Mausefalle konnte sie nirgends entdecken. Gruyère reckte den Kopf noch ein bisschen höher und schaute zum Ende des Regals. Hinter den Sprossen erkannte sie die Kellertür. Sie erschrak – die Tür war geschlossen! Das bedeutete, die Freunde würden ihr nicht zur Hilfe kommen können. Sie würde in der Falle elendig zugrunde gehen! Gruyère spürte, wie Tränen der Verzweiflung in ihr hochstiegen. Was sollte sie bloß tun?

Nach dem Abendessen kletterten die Muskeltiere noch einmal durch das Abflussrohr und durchkämmten ein letztes Mal die Umgebung auf der Suche nach Gruyère – umsonst. Es dämmerte schon, als sie entmutigt zurückkehrten. Pomme de Terre, der als Letzter durch den Abfluss kroch, schob das Sieb ganz beiseite, damit Gruyère, sollte sie verletzt sein, leichter in das Rohr hineinkriechen konnte. Mehr konnte er im Moment nicht tun. Die anderen lagen bereits in ihren Betten, als er die Höhle betrat, und er ließ sich erschöpft in seine Sardinendose fallen.

Picandou hatte sein Bett direkt neben dem Schwamm aufgestellt, auf dem Madame Roquefort lag. Sie drückte ihm die Pfote und flüsterte: »Keine Sorge, es wird alles wieder gut. Wart's ab, morgen steht sie wieder vor der Tür. Wahrscheinlich braucht sie nur ein bisschen Zeit, um sich an alles zu gewöhnen.«

Als die anderen beiden nicht hinschauten, gab sie ihm ein Küsschen auf die Nasenspitze.

Picandou versank wieder in ihren Augen wie in einem tiefen See und seufzte. Ja, Gruyère hatte allen Grund zur Eifersucht, aber sie würde bestimmt bald zur Vernunft kommen. Was erwartete sie eigentlich? Eine Liebe zwischen einer Ratte und einer Maus hatte doch überhaupt keine Zukunft! Das hatte er, Picandou, inzwischen begriffen. Eine Maus gehörte einfach zu einer Maus, das wusste doch jedes Kind. Der Hunger und das ungemütliche Wetter würden Gruyère schon zurück nach Hause treiben, dachte er, und mit diesem Gedanken schlief er beruhigt ein.

Als er am nächsten Abend erwachte, war ihr Käseschachtel-Bett immer noch leer. Picandou war nun doch ziemlich beunruhigt, aber das wollte er vor Madame Roquefort nicht zugeben.

Bertram schaute sorgenvoll in die Runde: »Meine Herren, wir dürfen unsere Freundin nicht im Stich lassen. Wir sollten auch heute weitersuchen«, lispelte er.

»Ach, sie wird schon wiederkommen«, winkte Madame Roquefort ab, die sich auf dem Schwammbett räkelte.

Picandou fegte sorgfältig die Krümelchen um sie herum zusammen und schwieg.

Bertram und Pomme de Terre wechselten einen Blick.

»Wieso bist du dir da so sicher?«, fragte Bertram.

Madame Roquefort zuckte mit den Schultern. »Bin ich mir eben.«

»Mir scheint, dass es dir ziemlich egal ist, ob sie zurückkommt oder nicht«, fuhr Pomme de Terre sie an.

»Quatsch!«, rief Madame Roquefort entrüstet. »Wie kannst du so etwas nur sagen?!« Sie sah aus, als würde sie gleich in Tränen ausbrechen.

»Hör auf, sie fertigzumachen.« Picandou legte schützend seinen Arm um Madame Roqueforts Schultern. »Das ist echt gemein!«

»Echt gemein? So, so«, lispelte Bertram. »Ich will dir mal sagen, was echt gemein ist: dass sie sich herzlich wenig Sorgen um Gruyère macht, obwohl ihr wer weiß was passiert sein könnte.«

»Ihr habt überhaupt keine Ahnung, worüber ich mir Sorgen mache«, schniefte Madame Roquefort. »Nämlich um euch. Vor allem nach dem, was sie so über euch gesagt hat …«

»Was hat sie denn gesagt?«, fragte Bertram.

Madame Roquefort zögerte einen Moment. »Es ist besser, wenn ich es euch nicht erzähle.«

»Spuck's schon aus!«, sagte Pomme de Terre. Die anderen beiden nickten bestätigend.

Madame Roquefort blickte von einem zum anderen. »Na gut, ihr habt's so gewollt«, sagte sie. »Ich glaube, sie hat keinen von euch wirklich gemocht.« Sie deutete auf den Hamster. »Dich hat sie ein Großmaul genannt und einen Kohlrabifurzer. Und dich«, sie deutete auf Pomme de Terre, »von dir hat sie gesagt, du hättest die Manieren einer Gossenmaus, und Picandou hat sie einen Fettwanst genannt.«

»Das hat sie getan?«, fragte Picandou erschüttert. »Das kann ich mir gar nicht vorstellen.«

»Hat sie aber. Ehrenwort«, schniefte die kleine Maus und nahm seine Pfote. »Leider. Ich wollte es euch eigentlich nicht sagen, aber … ihr habt ja darauf bestanden.«

Die Muskeltiere schwiegen und jeder von ihnen hing seinen Gedanken nach. Hatte Gruyère wirklich so gehässige Sachen gesagt?

Weder Bertram noch Pomme de Terre konnten das so richtig glauben. Ihnen schien es eher so, als wäre Gruyère traurig gewesen. Und dass sie sauer auf Picandou war, konnten die beiden gut verstehen. Sie hatten sehr wohl bemerkt, wie Madame Roquefort und Picandou am Abend zuvor Pfötchen gehalten hatten.

Und sie beobachteten mit wachsender Sorge, wie der dicke Mäuserich ganz atemlos durch die Höhle hechtete, um der kleinen braunen Maus jeden Wunsch zu erfüllen – und Wünsche hatte Madame ja mindestens so viele, wie es Löcher im Käse gab.

»Schnuffelschnäuzchen«, sagte sie zu Picandou, »bindest du mir meine Schleife?«, oder: »Massier mir die Füße!«, und: »Kann ich bitte das große Stück Marzipanküchlein haben?«

Doch anstatt dass Picandou von den vielen Wünschen irgendwann genervt war, passierte genau das Gegenteil. Ja, er wirkte sogar richtig glücklich.

Pomme de Terre und Bertram waren sich einig: Es gefiel ihnen ganz und gar nicht, wie sich die Dinge entwickelten. Und es sollte noch schlimmer kommen …

Als sich Bertram und Pomme de Terre an diesem Abend wie üblich zum Müllsack aufmachen wollten, hielt Picandou die beiden zurück und flüsterte: »Wenn ihr nichts dagegen habt, würde ich heute Abend gern allein mit Madame Roquefort speisen. Ihr kommt dann einfach etwas später nach. Das macht euch doch nichts aus, oder?«

Pomme de Terre und Bertram starrten ihn verdutzt an.

Pomme de Terre hob eine Augenbraue. »Das sind ja ganz neue

Sitten, Jongchen. Als Nächstes ordnest du noch an, dass wir solange die Höhle schrubben und dein Bettchen polieren sollen.«

Picandou lächelte verlegen. »Äh … eigentlich keine so schlechte Idee«, sagte er, aber niemand lachte über seinen Scherz.

»War nicht ernst gemeint«, fügte er hastig hinzu. »Hört zu Jungs, das heute ist echt eine Ausnahme, eine kleine Gefälligkeit unter Kumpels. Und keine Sorge – wir lassen euch genug übrig …« Er sah sie flehend an.

Pomme de Terre rollte die Augen. »Naaaa gut«, sagte er gedehnt.

»Und wann genau dürften wir dann dinieren?«, fragte Bertram spitz.

Picandou winkte ab. »Ach, wir sind ganz schnell wieder zurück«, rief er auf dem Weg zum Waschbecken über seine Schulter. »Ihr könnt ja schon mal überlegen, wie wir uns danach einen netten Abend machen.«

»Dreimal darfst du raten«, murmelte Pomme de Terre spöttisch. »So eine treulose Tomate«, sagte er zu Bertram.

»Ein echter Muskeltier ist er jedenfalls nicht mehr«, knurrte der Hamster. »Kein Fünkchen Ehrgefühl.«

»Sieht ganz so aus«, schnaubte Pomme de Terre. Er beobachtete, wie Picandou etwas schwerfällig zum Waschbecken hochkletterte, wo Madame Roquefort schon auf ihn wartete. »He, Digger!«, rief er ihm nach. »Wenn dir deine Freunde so piepegal sind, wollen wir uns ganz bestimmt nicht aufdrängen!«

Doch Picandou, der sich gerade hinter Madame Roquefort durchs Abflussrohr quetschte, hörte ihn nicht mehr.

Kapitel 10

Not macht erfinderisch

Gruyère war in einen unruhigen Schlaf gefallen. Ab und zu hatten sie Geräusche geweckt, mal Margarethes helles Lachen und mal die Ladenglocke, aber sie wagte es nicht, sich zu bewegen.

Als sie diesmal aufwachte, tauchte die Abenddämmerung die Wände in ein orange-gelbes Licht. Die Ratte hatte seit vielen Stunden nichts gegessen und getrunken. Ihre Kehle war rau wie Schmirgelpapier und ihr Magen knurrte so laut, dass sie befürchtete, Margarete und Frau Fröhlich könnten es hören. Sie hob den Pappdeckel mit der unverletzten Pfote an und ließ ihren Blick erneut über das Regal schweifen. Vielleicht gab es ja in einer dieser Käseschachteln noch einen winzigen Käserest. Sie hob den Kopf, so hoch es ging, und betrachtete die Schachteln etwas genauer – sie waren alle leer. Weit und breit war nicht einmal ein klitzekleines Krümelchen zu entdecken. Nur ein Päckchen mit Zahnstochern lag in der Nähe der Mausefalle. Gruyère wusste, dass Frau Fröhlich damit Käseecken aufspießte, um sie dann ihren Kunden zum Probieren anzubieten. Sie hatte so einen Zahnstocher, der in einem Käsestückchen steckte, einmal im Müllsack entdeckt. Der Gedanke an den Müllsack machte sie noch hungriger.

Vorsichtig versuchte sie, ihren Arm und ihr Füßchen zu bewegen. Beide waren, bis auf einen dumpfen, pochenden Schmerz, inzwischen taub. Sie zog und zerrte mit den Zähnen an dem Draht, doch er war starr und straff gespannt. Sie versuchte, eine Krallenspitze zwischen Holzbrett und Draht zu schieben, doch die Klammer gab kein bisschen nach. Verzweifelt sah sie sich um. Ihr Blick fiel wieder auf das Päckchen mit den Zahnstochern, und auf einmal hatte sie eine Idee!

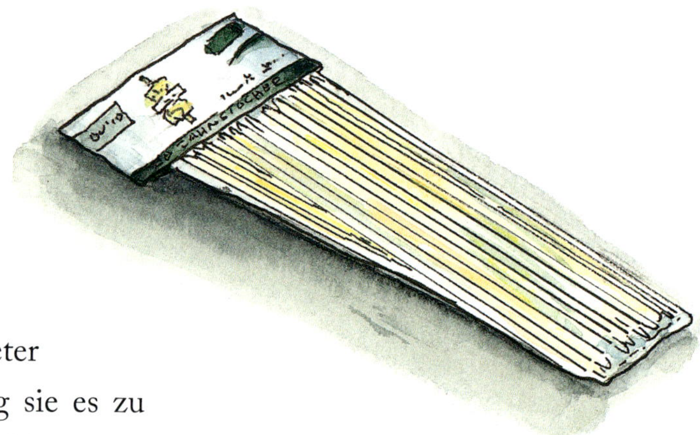

Sie schob den unverletzten Fuß hinüber zu dem Päckchen und bekam es mit einer Krallenspitze zu fassen. Langsam, Millimeter um Millimeter, zog sie es zu sich heran, riss die Plastikfolie mit den Zähnen auf und zog einen Zahnstocher heraus. Diesen versuchte sie unter den Draht direkt neben ihrem Arm zu klemmen, doch dabei brach die Spitze ab. Tränen der Verzweiflung stiegen ihr in die Augen, aber sie durfte nicht aufgeben. Sie nahm einen neuen Zahnstocher und rammte ihn mit aller Wucht neben die Holzstückchen unter dem Draht. Und diesmal gelang es ihr. Der Zahnstocher blieb stecken und die Falle gab einen viertel Millimeter nach. Gruyère schob drei weitere Zahnstocher direkt neben den ersten. Nach jedem Versuch sank sie erschöpft zusammen und ruhte sich kurz aus.

»Ich schaffe es«, murmelte sie dabei. »Ich werde es schaffen!«

Langsam, sehr, sehr langsam wuchs die kleine Zahnstocherpyramide an, und je mehr sie anwuchs, desto mehr lockerte sich der Druck auf Gruyères Arm und auf ihrem Füßchen.

Endlich war die Pyramide hoch genug, dass sie ihre verletzten Pfoten hervorziehen konnte. Sie war frei! Erschöpft und erleichtert krabbelte sie aus der Falle und ließ sich auf das Regalbrett sinken. Dann fiel sie in einen traumlosen Schlaf. Die Anstrengung hatte ihr die letzte Kraft geraubt.

Als Gruyère wieder zu sich kam, war es vor dem Schaufenster dunkel geworden. Sie hatte noch immer Hunger und überlegte, ob sie sich vielleicht eine Kleinigkeit aus der Käsetheke besorgen sollte. Sie rieb sich den verletzten Arm, der mittlerweile nicht mehr ganz so taub und auch nicht mehr ganz so blau war, schlich auf wackeligen Beinen bis zum Ende des Regals und lauschte. Im Laden rührte sich nichts, aber aus der Küche hörte sie die Stimmen von Margarethe und Frau Fröhlich.

Die Kirchturmglocke begann zu schlagen. Gruyère zählte mit: *eins, zwei, drei, vier, fünf, sechs, sieben*. Das bedeutete, die beiden Frauen würden gleich durch den Laden kommen, die Lichter ausschalten, hinausgehen und dann die Ladentür hinter sich abschließen.

Gruyères Blick glitt zur geschlossenen Kellertür. Sie erinnerte sich daran, wie sie mit den Muskeltieren abends oft auf der anderen Seite auf diesen Moment gewartet hatte, und ihr kleines Herz wurde ganz schwer. Sie musste nach Hause, zu ihren Freunden und zu Picandou, und zwar sofort!

Fieberhaft überlegte sie, wie sie hinauskommen sollte. Der Weg zum Keller war versperrt. Aus der Küche drang das Klappern von Geschirr, und plötzlich fiel ihr etwas ein.

Gruyère humpelte zum Regalrand, hangelte sich langsam an den Kisten hinab, lief dann im Schatten der Käsetruhe zur Ladentür und verbarg sich daneben unter dem Schaufensterregal.

Kurz darauf betraten Margarethe und Frau Fröhlich, beide im Mantel, den Laden. Margarethe machte die Lichter aus und Frau Fröhlich, die den Müllsack trug, öffnete die Ladentür. Das war der Moment, auf den Gruyère gewartet hatte! So schnell, wie das mit ihrem verletzten Füßchen möglich war, huschte sie zwischen den Beinen der Frauen hindurch. Zum Glück waren die beiden so in ihr Gespräch vertieft, dass sie die weiße Ratte nicht bemerkten. Gruyère sprang die Stufen hinab und versteckte sich hinter einem Blumentopf neben der Treppe. Das Herz klopfte ihr bis zum Hals. Sie konnte es kaum fassen, aber sie hatte es geschafft.

Sie war nur knapp dem Tod entronnen und hatte den Weg in die Freiheit gefunden – und das ganz ohne die Hilfe ihrer Freunde!

Dicht neben ihr verabschiedeten sich die beiden Frauen voneinander, dann entfernte sich das energische Klacken von Margarethes Absätzen in die eine Richtung, während sich Frau Fröhlichs humpelnde Schritte in die andere Richtung bewegten.

Gruyère blieb reglos in ihrem Versteck. Sie wusste, dass Frau Fröhlich gleich den Müllsack in den Hof stellen und von dort nach Hause gehen würde, denn direkt neben der Toreinfahrt gab es eine Tür, die hinauf zu ihrer Wohnung über dem Laden führte.

Gruyère spitzte die Ohren und wartete. Kurz darauf hörte sie das leise *Klick*, mit dem Frau Fröhlichs Haustür ins Schloss fiel, und dann war alles ganz still.

Humpelnd, genau wie Frau Fröhlich, schlich sie durch die Toreinfahrt und steuerte auf den Müllsack zu. Der stand wie üblich an die Wand gelehnt, direkt neben einer Pfütze. Gruyère trank gierig aus der Pfütze, dann schleppte sie sich hinüber zum Müllsack, kletterte hinein und ließ sich mit einem zufriedenen Seufzer zwischen Kekskrümel und Salatgurkenschalen sinken.

Nie hatte es ihr besser geschmeckt! Nachdem ihr Bäuchlein prall gefüllt war, fielen ihr die Augen zu. Die anderen Muskeltiere würden sie bestimmt wecken, wenn sie wie üblich zum Essen kamen, dachte sie schläfrig.

»Die werden staunen«, murmelte sie und lächelte bei dem Gedanken an ihre überraschten Gesichter. Heute würde sie einiges zu erzählen haben.

Kapitel 11

Der Verrat

Etwas hatte Gruyère geweckt – oder war es nur ein Traum gewesen? Schläfrig kuschelte sie sich noch etwas dichter an den leeren Eierkarton und war kurz davor, wieder einzunicken, als sie Picandous Stimme hörte.

»Du hast die schönsten Augen der Welt«, säuselte er. »Könntest du dir nicht vorstellen, für immer bei mir zu bleiben?«

Gruyère lächelte. Ach, was für ein schöner Traum. »Danke. Aber natürlich«, wollte sie gerade antworten, da hörte sie Madame Roqueforts Stimme: »Gern, sehr gern sogar. Es ist nur …« Die Stimme zögerte.

»Es ist nur *was*?«, fragte Picandou.

Gruyère war plötzlich hellwach. Ihre Kehle schnürte sich zusammen und Tränen stiegen ihr in die Augen.

»Na ja, es ist nur …«, fuhr die kleine braune Maus fort, »… du weißt, dass du dich entscheiden musst, ob du mit mir zusammenleben willst oder mit den anderen. Alle zusammen … das geht auf Dauer nicht gut. Dafür ist deine hübsche Höhle einfach zu klein. Vor allem, wenn dann noch unsere Babys kommen. Du musst also deinen Freunden sagen, dass sie sich eine neue Bleibe suchen müssen …«

»Ich weiß«, murmelte Picandou. »Aber das ist nicht so einfach … Außerdem – es ist doch viel mehr Platz, seit Gruyère nicht mehr da ist.«

»Sicher, da hast du schon recht«, antwortete Madame Roquefort. »Die große, dicke Ratte hat doch ziemlich viel Raum eingenommen. Aber wo sollen wir die Käseschachteln für unsere Babys aufstellen? Dafür reicht der Platz im Moment wirklich nicht.«

»Aber Pomme de Terre und Bertram sind wirklich gute Freunde. Ich kann sie doch nicht so einfach auf die Straße setzen.«

»Du bist doch nicht für sie verantwortlich«, sagte Madame Roquefort und ihre Stimme klang plötzlich ein bisschen gereizt. »Schau mal, Schatzi, schließlich haben sie ja auch irgendwo anders ein Zuhause gehabt und für sich gesorgt, bevor ihr euch kennengelernt habt.«

»Stimmt schon«, sagte Picandou zögerlich. So richtig wohl schien er sich bei dem Gedanken aber nicht zu fühlen.

»Ach, Mausi, ich will dir ja gar nicht reinreden«, fuhr Madame Roquefort fort. »Du weißt schließlich selbst, was du willst. Und ich weiß, was ich will. Also entweder oder. Hier, probier doch mal von der köstlichen Olive mit Mandelkern.«

Dann hörte Gruyère ein leises Rascheln und ein »Oh ja, ausgezeichnet« von Picandou.

»Probier du doch mal etwas von diesem Nusstörtchen, Schatzi.«

Es folgte ein leises Schmatzen, und dann sagte Picandou kleinlaut: »Ich will ja auch das Gleiche wie du.«

Dann war es, bis auf weitere Schmatzgeräusche, still. Irgendwann kicherte Madame Roquefort und sagte: »Jetzt ist aber Schluss. Wir sollten Pomme de Terre und Bertram noch etwas übrig lassen.«

»Allerdings«, stimmte Picandou ihr zu. »Ich fürchte, wir haben ganz schön reingehauen.« Er seufzte wohlig. »Aber du hast ja recht, ich werde mit ihnen reden – und zwar am besten gleich nachdem sie gegessen haben.«

Kurz darauf hörte Gruyère ein Rascheln und Knistern. Der Sack bewegte sich ein wenig, als die beiden Mäuse hinabsprangen.

Gruyère blieb wie betäubt liegen. Dass es so schnell so weit gekommen war, hätte sie sich nicht träumen lassen. Und auf einmal wurde ihr noch etwas klar: Das, was im Laden geschehen war, war kein Zufall gewesen!

Madame Roquefort hatte um Hilfe gerufen und sie mit Absicht in die Mausefalle gelockt. Wäre die Käseschachtel nicht gewesen, wäre Gruyère vermutlich verblutet, und diese Madame hatte das billigend in Kauf genommen.

Kurz darauf erzitterte der Müllsack erneut, aber diesmal hörte sie Pomme de Terres Stimme. »Na, viel haben uns die zwei Turteltauben ja nich' übrig gelassen«, sagte er missbilligend.

»Immerhin gibt's Gurkenschalen«, meinte Bertram.

»Damit kannst du mich jagen, Jongchen.«

»Hey!«, rief Gruyère leise.

Die Stimmen verstummten.

»Hast du das gehört?«, flüsterte Bertram nach einer kleinen Pause.

»Klang nach Gruyère«, erwiderte Pomme de Terre.

»Ich bin es ja auch«, sagte Gruyère, diesmal etwas lauter. »Hier, hinter dem Eierkarton. Hier gibt's auch ein paar gute Krümelchen, die die beiden nicht entdeckt haben.«

Bertram und Pomme de Terre kletterten hinüber zum Eierkarton.

»Gruyère! Du lebst!«, rief Bertram. Ein breites, glückliches Grinsen zog sich über sein Gesicht. »Wir haben uns solche Sorgen um dich gemacht!«

Auch Pomme de Terre freute sich.

Er ergriff Gruyères Pfoten und schüttelte sie begeistert. Als Gruyère vor Schmerz zusammenzuckte, hielt er sofort inne.

»Was ist dir denn passiert?«, fragte er erschrocken.

Gruyère hatte gleich wieder Tränen in den Augen. »Wenigstens euch bin ich nicht egal«, schniefte sie. »Aber pssst – nicht so laut.«

Bertram ließ nicht locker. »Was ist geschehen? Wer hat dir das angetan?«

»Das ist eine längere Geschichte«, seufzte Gruyère, und dann erzählte sie alles, was vorgefallen war. Fassungslos hörten Hamster und Mäuserich zu.

»Also wenn ihr mich fragt, ich glaube, das hat sie mit Absicht gemacht«, sagte Bertram mit ernster Miene. »Sie hat Picandou völlig um den Verstand gebracht. Er tut inzwischen alles, was diese kleine Maus von ihm verlangt.«

Gruyère nickte. »Sie hat gesagt, dass die Höhle zu eng ist, wenn man eine Familie gründen möchte. Und deswegen soll er euch fortschicken.« Sie schluchzte.

»Frechheit! Das hat er hoffentlich abgelehnt!«, rief Bertram entrüstet.

»Eben nicht! Er will mit ihr dort leben.« Dicke Tränen kullerten über Gruyères weißes Fell. »Er … er wollte es euch gleich nach dem Essen sagen.«

»Na, das kann er sich man sparen!« Pomme de Terre schlug wütend mit der Pfote gegen den Eierkarton. »Wir drängen uns nich' auf. Nich' bei dem.«

»Aber wo sollen wir dann hin?«, fragte Bertram.

Gruyère zuckte mit den Schultern. »Vielleicht auf die *Traviata*«, murmelte sie betrübt. »Zu Rattussi und Rattilla und ihrer Gang.«

Pomme de Terre dachte an das wunderschöne Schiff, auf dem sie Claus kennengelernt und einige Abenteuer erlebt hatten.

»Sicher, das wäre eine Möglichkeit«, sagte er und zupfte sich nachdenklich an den Schnurrhaaren. »Aber das Problem is', wir wissen nich', wann der Kahn wieder in Hamburg vor Anker geht.«

Bertram tippte plötzlich aufgeregt auf den Eierkarton. »Liebe Freunde, ich habe da einen noch viel besseren Vorschlag«, rief er. »Wie wäre es, wenn wir zu Claus ziehen? Er hat es uns ja erst vor Kurzem angeboten. Ich habe zwar dankend abgelehnt, aber unter den jetzigen Umständen …«

Weil Gruyère zögerte, fuhr er fort: »Und wenn du dann noch auf die *Traviata* willst, kann er uns bestimmt dabei helfen, aufs Schiff zu kommen.« Er tätschelte ihr mitfühlend das Bein. »Soll Picandou doch mit seiner Madame bleiben, wo der Pfeffer wächst. Wir haben immer noch einander! Das ist schließlich das Wichtigste.«

Pomme de Terre nickte zustimmend: »Wisst ihr noch? Einer für alle und alle für einen!«

Die anderen lächelten ein wenig wehmütig. Picandou und die gemütliche Höhle unter der Treppe würden ihnen trotz allem sehr fehlen.

»Es gibt nur ein Problem«, sagte Pomme de Terre. »Wie finden wir Claus?«

»Och, ich hätte da schon eine ausgezeichnete Idee«, lispelte Bertram.

Kapitel 12

Ein Abschied für immer?

Eigentlich hatte Picandou gleich nach dem Essen mit seinen beiden Freunden reden wollen. Doch dann war er vor ihrer Rückkehr eingenickt. Und so bemerkte er erst am nächsten Abend, dass Pomme de Terre und Bertram von ihrem Ausflug zum Müllsack gar nicht zurückgekehrt waren. Ein mulmiges Gefühl breitete sich in seiner Magengegend aus. Hoffentlich war ihnen nichts zugestoßen!

Madame Roquefort jedoch war bester Dinge und spazierte fröhlich pfeifend durch die Höhle: »Siehst du, Schnuckelmäuschen, wie sich das Schicksal zu unseren Gunsten fügt. Die zwei haben selbst begriffen, was unter den Umständen die beste Lösung für alle ist.«

»Ja, aber – sie haben sich nicht einmal verabschiedet«, sagte Picandou. »Das sieht ihnen gar nicht ähnlich.«

Madame Roquefort zuckte mit den Schultern. »Wenn du unbedingt willst, geh und such sie. Ich geh in der Zwischenzeit schon mal ein Häppchen essen. Der Müllsack wartet bestimmt schon.«

Sie hüpfte aus der Höhle und trippelte leichtfüßig hinüber zum Waschbecken.

»Deinem Bein scheint es ja schon besser zu gehen«, bemerkte Picandou.

Madame Roquefort nickte. »Viel besser«, sagte sie abwesend. »Vielleicht war es gar nicht gebrochen, sondern nur verstaucht.«

Flink wie ein Wiesel kletterte sie zum Waschbecken hinauf und Picandou, der ihr schnaufend folgte, half ihr, wie ein echter Gentleman, in den Abfluss.

»Hast du denn gut geschlafen, mein Schatz?«, erkundigte er sich.

»Ganz gut«, antwortete Madame Roquefort knapp, bevor sie im Abfluss verschwand. Sie wirkte irgendwie kühler als sonst.

Als sie den Hof betraten, schaute Picandou sich zuerst nach seinen Freunden um, doch fehlte von ihnen jede Spur. Waren sie wirklich ohne einen Abschied fortgegangen? Der Gedanke daran machte ihn plötzlich ganz traurig. Und was war mit Gruyère? Von einem Moment auf den anderen gab es die Muskeltiere nicht mehr, und auch wenn er sich gewünscht hatte, mit Madame Roquefort allein zu sein, so fühlte es sich doch irgendwie komisch ohne die anderen an. Jetzt wo sie weg waren, vermisste er sie. Was, wenn er sie nie wiedersehen würde? Picandou hatte einen Kloß im Hals und er fragte sich, ob er wohl das Richtige getan hatte.

Madame Roquefort, die als Erste auf den Müllsack geklettert war, stieß einen entrüsteten Schrei aus: »Deine vermeintlichen Freunde haben den ganzen Sack geplündert! Hier ist ja kaum noch etwas übrig.«

»Wirklich?« Picandou versuchte, seine Erleichterung zu verbergen. Schnell kletterte er zu ihr hinauf und sah sich um. Der Sack war wirklich bis auf Kartons, Pappschachteln und Becher ziemlich leer geräumt. Die anderen mussten hier gewesen sein. Aber wo waren sie jetzt?

Madame Roquefort saß in einer Ecke des Müllsacks und knabberte an einem großen Stückchen Kuchen. »Zum Glück habe ich den noch entdeckt«, sagte sie und wischte sich mit ihrem Pfötchen die Krümel ab. Das sah so niedlich aus, dass Picandou seine Sorgen für einen klitzekleinen Moment vergaß. »Nusskuchen. Sehr gut!«, gurrte sie.

Picandou kletterte zu ihr hinüber. »Hast du mir auch ein Stück übrig gelassen?«, fragte er. Er war daran gewöhnt, dass Gruyère ihm immer ein paar Krümelchen aufhob.

»Tut mir leid, es war nicht mehr viel da«, sagte Madame Roquefort schnell.

»Oh.« Picandou verbarg seine Enttäuschung und sah sich weiter nach etwas Essbarem um. »Na ja, egal.«

»Da drüben sind noch ein paar Mohrübenecken. Die sind bestimmt ganz lecker«, sagte Madame Roquefort mit übertriebener Fröhlichkeit. Sie deutete hinter einen Joghurtbecher. Dort lagen zwei winzige Enden, die weder besonders groß waren noch besonders gut schmeckten.

Am Ende dieses Abends ging Picandou hungrig ins Bett. Und nicht nur deswegen hatte sich in seinem Bauch ein leeres Gefühl breitgemacht. Der Abend mit Madame Roquefort war ganz anders verlaufen, als er es sich vorgestellt hatte. Kein Pfötchenhalten unterm Vollmond und auch keine gesäuselten Komplimente. Die kleine Mäusedame wirkte heute etwas genervt und war nicht mehr ganz so lieb zu ihm wie davor. Stattdessen kommandierte sie Picandou herum, befahl ihm, Gruyères Käseschachtelbett und Bertrams Joghurtbecher aus der Höhle zu räumen, und dann fing sie an, die Möbel umzustellen. Auch einige Briefmarkenbilder nahm sie von den Wänden.

Picandou protestierte heftig, als sie die Briefmarke mit der *Traviata* abreißen wollte. »Das Bild von dem Schiff muss bleiben.

Das … das ist ein Erinnerungsstück«, stammelte er. »Da … da haben die Muskeltiere und ich viele Abenteuer erlebt.«

»Es wird Zeit, dass du dich von deiner Vergangenheit verabschiedest«, antwortete Madame Roquefort und bedachte ihn mit einem mitleidigen Blick. »Denk lieber an unsere Zukunft, Mäusebärchen. Du willst doch, dass ich mich in unserem gemeinsamen Heim genauso wohlfühle wie du, oder?«

Zum ersten Mal in dieser Nacht warf sie ihm ein Lächeln zu und sah ihn mit ihren leuchtenden Laternenaugen an. Die Schmetterlinge in Picandous Bauch fingen sofort wieder an zu flattern.

»Ja, schon«, sagte er zögerlich. »Aber, ich hänge nun mal an dem Bild.«

»Dann bitte schön, behalte es eben!«, fauchte Madame Roquefort und wandte sich schmollend ab. Danach legte sie sich auf ihr

Schwammbett und sprach für den Rest des Abends kein Wort mehr mit ihm. Picandou konnte vor Kummer kaum einschlafen. Er war verzweifelt – er hatte Madame Roquefort verärgert und obendrein seine Freunde verloren.

Bertram, Gruyère und Pomme de Terre hatten bis zum Morgengrauen ausgeharrt. Dann erst war Pomme de Terre in den Keller geschlüpft und mit drei Degen zurückgekehrt.

»Sie haben beide geschlafen wie die Murmeltiere und nichts gemerkt«, sagte er, als er wieder draußen war. Dann wandte er sich an Bertram. »Und was is' nu' genau dein Plan?«

Bertram grinste breit und zeigte dabei seine zwei großen Vorderzähne. »Erinnert ihr euch noch an den Briefumschlag, den dieser Ganove Heribert Clausens Tante geklaut hat?«

»Du meinst, als wir letztes Mal auf dem Schiff waren?«, fragte Gruyère.

Pomme de Terre nickte. »Den Brief von Clausens Vater, oder?«

»Genau«, sagte Bertram. »Auf dem Umschlag stand nämlich die Adresse von Clausens Tante. Und da ich ein gusseisernes Gedächtnis habe, habe ich sie mir damals gemerkt. Sie wohnt in Blankenese.«

»Ja, dat kenn ich. Dat is' so ein piekfeiner Stadtteil von Hamburg«, rief Pomme de Terre. »Liegt da lang, immer geradeaus der Elbe nach.« Er deutete durch die Toreinfahrt.

Bertram nickte zufrieden. »Tja, dann führst du uns am besten hin, und wenn wir dann da sind, müssen wir nur noch die richtige Straße finden.«

Gruyère schaute besorgt zum Himmel. Die ersten Sonnenstrahlen krochen schon über die Dächer. »Wir sollten lieber bis heute Nacht warten«, sagte sie. »Jetzt ist es zu gefährlich.«

Pomme de Terre winkte ab. »Nich' unbedingt«, sagte er. »Nich' wenn wir unseren Spezialweg nehmen.«

»Spezialweg?« Bertram schaute ihn fragend an.

Pomme de Terre grinste. »Der is' zwar 'n büschen klackermatschig, dafür aber sicher.«

»Du meinst doch nicht etwa den Kanal?«, fragte Gruyère, der Übles schwante.

»Genau den«, antwortete Pomme de Terre.

Gruyère seufzte. Zu gut erinnerte sie sich noch an ihre letzte Reise durch die unterirdischen Kanäle.

»Die Hafenratten sind ja jetzt unsere Kumpels, da wird uns schon nix passieren«, sagte Pomme de Terre.

»Na dann los, auf was warten wir noch?« Bertram hüpfte mit gezücktem Degen in Richtung Toreinfahrt. »Deinen Spezialweg möchte ich kennenlernen.«

Gruyère folgte als Letzte. Ihr war so gar nicht nach Abenteuer zumute.

Als sie durch die Einfahrt trippelten, warf sie noch einen letzten Blick in den Innenhof. Sie dachte wehmütig an Picandou, den sie wahrscheinlich nie wiedersehen würde, und an die gemütliche Höhle. Sie hatte dort viele glückliche Momente mit den Muskeltieren verbracht.

»Adieu«, flüsterte sie leise, bevor sie sich umdrehte und ging.

Kapitel 13

Der Fremde

Es war sehr früh am Morgen und die Geschäfte hatten alle noch geschlossen. Trotzdem spähten die drei Nager ganz vorsichtig und mit gespitzten Ohren in alle Richtungen. Erst als sie sicher waren, dass kein Mensch auf der Deichstraße unterwegs war, flitzten sie zu dem Gullydeckel, der direkt vor Frau Fröhlichs Laden lag. Auf dem Weg erklärte Pomme de Terre dem Hamster, was er vorhatte. Er deutete auf eines der Löcher im Deckel. »Da müssen wir durch. Auf der anderen Seite is' 'ne Eisenstange. Da hältst du dich am besten dran fest und kletterst dann nach ganz unten. Ich geh schon mal vor.«

Bertram lugte neugierig durch ein Gullydeckelloch. Dahinter war es sehr dunkel und so weit er erkennen konnte, ging es sehr steil nach unten. »Na denn, auf in unser nächstes großes Abenteuer!«, rief er.

Pomme de Terre schlüpfte durch eines der Löcher und bedeutete Bertram, dass er ihm folgen sollte. Bertram streckte zuerst seine rosa Füßchen durch die Öffnung und schob dann seinen wuscheligen

Körper hinterher. Und da begann leider das Problem. Bertrams Unterseite wollte nicht durch das Loch passen. Er hielt die Luft an, schob und wand sich mal nach links, mal nach rechts. Doch es half alles nichts, er steckte fest wie ein Korken in einer Flasche. »Nicht schon wieder«, seufzte er.

Gruyère kam ihm zu Hilfe. Sie schob und drückte aus Leibeskräften, aber der Hamster war einfach zu dick für das Loch.

Gruyère steckte die Schnauze in das Loch daneben. »Pomme de Terre!«, rief sie in den Schacht hinab. Ihre Stimme klang hohl. »Wir müssen einen anderen Weg nach Blankenese finden. Bertram passt nicht durch.«

»Oha«, hörte sie aus weiter Ferne. Der Hall verzerrte den Rest von Pomme de Terres Worten.

»Was hast du gesagt?«, rief Gruyère.

»Ich bin aber schon u-u-unten! Ich komm nich' mehr ho-o-och.«

»Da haben wir wohl ein kleines Problemchen«, murmelte Bertram, der hin- und herzappelte und vergeblich versuchte sich zu befreien.

Gruyère überlegte kurz, dann steckte sie die Schnauze wieder in den Schacht: »Gibt es hier in der Nähe einen anderen Gully, durch den du hochklettern kannst?«

»Glaub ni-i-ich'.« Pomme de Terre war kaum zu verstehen. »Wie lautet denn die Adre-e-esse?«

»Elbchaussee 107«, erwiderte Bertram.

»Alles klar«, kam es zurück. »Ich versuche, die Straße zu finden.«

»Stopp!«, rief Gruyère. »Wir sollten uns nicht trennen!«

»Es geht aber nich' anders. Wartet hier auf mich. Ich komme mit Claus zurück und hol euch ab.«

»Aber wie willst du denn die Straße finden?«, fragte Gruyère verzweifelt.

»Ich hab doch von Bertram Lesen gelernt.« Pomme de Terres Stimme verlor sich in einem fernen Rauschen.

»Aber was ist, wenn du dich verirrst? Dann finden wir uns nie wieder.«

Doch Pomme de Terre antwortete nicht mehr.

»Warte, Pomme de Terre! Bitte, komm zurück.«

Aber auch als Gruyère ein zweites und drittes Mal nach ihm rief, kam aus dem Gully keine Antwort mehr. Gruyère und Bertram sahen sich an.

»Oh Mann, der ist tatsächlich alleine losge-«, begann Bertram, als ein spitzer Schrei ertönte: »Schaut mal! Hier gibt's Ratten!«

Die zwei Muskeltiere zuckten zusammen und drehten sich erschrocken um. Sie hatten bei der ganzen Aufregung vergessen, die Straße im Blick zu behalten. Aus diesem Grund hatten sie die drei Menschen, die in die Deichstraße eingebogen waren, nicht bemerkt.

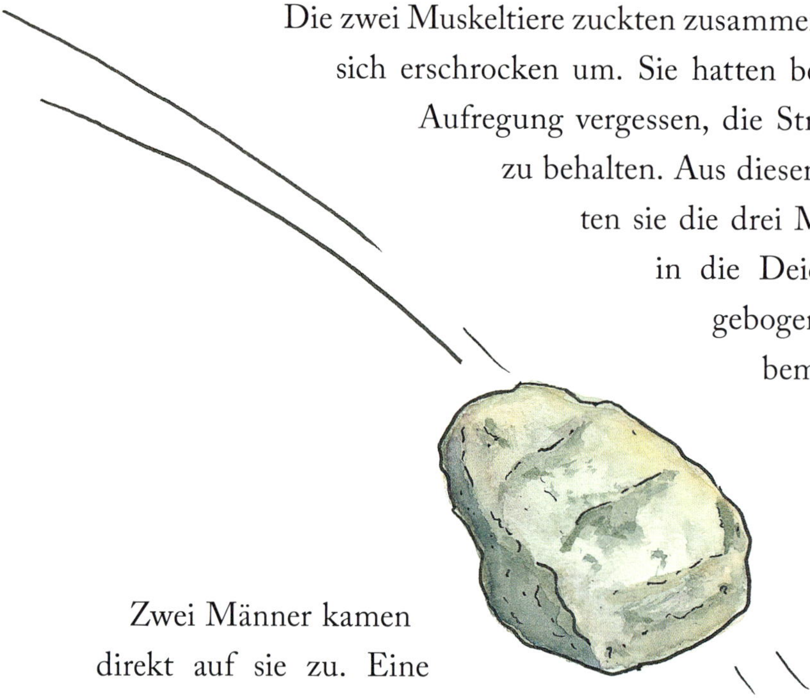

Zwei Männer kamen direkt auf sie zu. Eine Frau war hinter den beiden stehen geblieben und zeigte entsetzt auf die beiden Nager.

»Igitt!«, kreischte sie.

Gruyère packte Bertram an den Pfoten, zog und zerrte verzweifelt, aber es war vergebens. Der Hamster steckte immer noch fest und ließ sich keinen Millimeter bewegen.

Aus den Augenwinkeln sah Gruyère, wie einer der Männer einen Stein aufhob. Er holte aus und zielte. Der Stein knallte dicht neben Bertram auf den Boden und rollte dann auf Gruyère zu. Die quietschte und sprang zur Seite. Die Männer hatten sie jetzt fast erreicht. Panisch zog Bertram den Bauch so weit ein, wie es nur ging. Gruyère ergriff nochmals seinen Arm und zog und zerrte mit wilder Entschlossenheit daran – ohne Erfolg.

Plötzlich packten drahtige Mäusepfoten Bertrams anderes Ärmchen, und mit einem *Plopp!* schoss er aus dem Gullydeckelloch. »Lauft!«, knurrte der Fremde. »Hier lang.« Gruyère hatte keine Ahnung, wo der graue Mäuserich so plötzlich hergekommen war, aber jetzt war keine Zeit zum Nachdenken. Sie raste hinter dem Fremden die Straße entlang und Bertram hechtete schnaufend hinterher.

Die zwei Männer waren stehen geblieben. Einer rief etwas, das wie »Mach schon!« klang, und dann hörten die Tiere, wie ein weiterer Stein ganz in ihrer Nähe hart aufschlug. Aber sie drehten sich nicht um. Sie blieben dem Mäuserich dicht auf den Fersen, bis der schwer atmend im Schutz eines Hauseinganges haltmachte. Gruyère sah sich ängstlich um. Ein Glück – sie hatten die Männer abgehängt.

Sie erkannte sofort, wo sie waren, auch wenn sie das Gebäude beim letzten Mal bei Nacht gesehen hatte: Sie standen vor der *Pizzeria Francesco*. Die Außenwände waren inzwischen fertig gestrichen, aber Fenster und Türen waren noch immer mit Pappe zugeklebt.

Der Fremde, ein ziemlich bulliger Typ, marschierte hinüber zur Tür und hob eine angeknickte Pappecke an.

»Dahinter könnt ihr euch verstecken, Mädels«, sagte er. Er war untersetzt, trug einen Bürstenschnitt und seine Barthaare waren so stark gegelt, dass sich kein Härchen im Wind bewegte.

»Tausend Dank!«, japste Gruyère immer noch nach Luft ringend.

Der Fremde winkte ab. »Nix dafür, Prinzessin.«

»Aber doch!«, rief Bertram eifrig. »Sie haben uns das Leben gerettet.«

Er machte eine kleine Verbeugung und legte dabei ein Pfötchen auf den Degen. »Wie können wir uns je für Ihren Mut und Ihre Hilfsbereitschaft erkenntlich zeigen?«

Der Fremde betrachtete amüsiert die Degen. »Wat'n dat für, Puschelchen?«, fragte er. »Um Maraschino-Kirschen und Ananas für eure Cocktails aufzuspießen?«

Bertram schürzte die Lippen. »Diese Degen haben uns schon oft das Leben gerettet«, antwortete er würdevoll.

»So, so.« Der Mäuserich strich sich nachdenklich über die frisierten Barthaare und dann betrachtete er die beiden etwas genauer. Er trug ein kleines Goldkettchen um den Hals und hatte kleine Äuglein, die wie Apfelkerne glitzerten. Plötzlich blitzten sie auf.

»Mädels, wenn ihr mir wirklich helfen wollt, hätte ich da schon 'ne Idee«, murmelte er.

»Ihr Wunsch ist uns Befehl«, antwortete Bertram eifrig. »Darauf haben Sie mein, nein *unser* Muskeltier-Ehrenwort.« Er hob den Degen zum Schwur.

»Muskel-*was*?« Der Fremde zog eine Braue hoch.

»Das heißt ich … ähm … also *wir* schwören«, erklärte Bertram mit einem Blick zu Gruyère.

»Na ja, wenn das so ist.« Der Fremde grinste breit. »Ihr zwei seid echte Ehrenratten, das sehe ich sofort …«

»Hamster«, korrigierte Bertram.

»Wie?« Der Fremde schaute verwirrt.

»Ich wäre dann sozusagen ein Ehren*hamster*«, erklärte Bertram mit einer kleinen Verbeugung.

»Aha, verstehe.« Der Fremde musterte ihn mit leicht zusammengekniffenen Augen. »Na gut, dann eben Hamster. So wie ich euch einschätze, würdet ihr einer Familie in Not sicher helfen, stimmt's, Mädels?«

»Selbstverständlich!« sagte Bertram. »Dafür sind wir immer zu haben … Allerdings bin ich kein Mä-«

Gruyère unterbrach ihn. »Worum handelt es sich eigentlich genau?« Der Hamster war ihr etwas zu übereifrig.

»Ich brauche erst euer Wort. Die Sache ist streng geheim und leider nicht ganz ungefährlich. Deswegen«, er schaute vom einen zum anderen und senkte die Stimme, »kann ich euch zwei Zuckerschnuten vorher nicht verraten, um was es geht.« Seine Miene war undurchdringlich.

Bertram streckte ihm als Erster ein Pfötchen entgegen. »Mein Wort haben Sie«, sagte er.

Der Fremde schüttelte Bertrams Pfote und blickte dann erwartungsvoll Gruyère an. Es behagte ihr nicht, dass sie nicht wusste, worauf sie sich da einließ. Aber Bertram hatte nun mal sein Ehrenwort gegeben und da konnte sie jetzt schlecht einen Rückzieher machen. Zögerlich schlug sie ein.

Der Fremde lächelte zufrieden und winkte die beiden näher heran. Dann flüsterte er: »Die Sache ist nämlich die: Irgendwo da drinnen, in unserem alten Zuhause –« Er deutete auf den Laden.

»Ihr altes Zuhause?«, rief Bertram überrascht. »Aber dann …«

Der Mäuserich hob warnend die Pfote und in einem Ton, der keine weitere Unterbrechung duldete, fuhr er fort: »Ja, da haust ein ziemlich übler Geselle namens Hein-Ole. Die Ratte hat unser Heim in Schutt und Asche gelegt und mich und meine Familie verjagt. Einige hat er sogar um die Ecke gebracht …« Bei diesen Worten wurde seine Stimme brüchig und er wischte sich verstohlen eine Träne aus den Augenwinkeln. Als er sich wieder gefangen hatte, sah er Bertram und Gruyère eindringlich an. »Findet ihn und bringt ihn mir. Zwei starke Ratten wie ihr werden locker mit so einem Kerl fertig.«

»Äh … Hamster«, korrigierte Bertram.

»Wie?«

»Sie haben Ratte zu mir gesagt. Ich bin aber ein Hamster.«

»Oh, ja natürlich. 'tschuldigung, Prinzessin«, sagte der Fremde schnell.

»Und was passiert dann mit diesem Hein-Ole?«, fragte Gruyère, die immer noch misstrauisch war.

Der Fremde lächelte sanft. »Das, meine Zuckerpuppe, soll nicht deine Sorge sein. Aber seid gewarnt, Hein-Ole ist mit allen Wassern gewaschen und er wird alles versuchen, um euch reinzulegen. Glaubt ihm kein Wort.«

»Damit kommen wir schon klar«, lispelte Bertram gelassen, obwohl sich vor lauter Aufregung seine Barthaare kräuselten. Für das, was vor ihnen lag, war ein ganzer Muskeltier gefragt. »Was meinen Sie, was wir schon alles –«

»Gut«, unterbrach ihn der Mäuserich und klatschte in die Hände. »Na dann nichts wie los, Mädels.«

Er hob die lose Pappecke, die als Schlupfloch diente, wieder an und schob Bertram darauf zu. »Ich komme dann morgen Nacht und hole ihn ab. Bis dahin solltet ihr den Kerl geschnappt haben und eine ganze Mäusefamilie wird euch für immer und ewig dafür dankbar sein. Und natürlich winkt euch auch eine fürstliche Belohnung.«

Zögerlich traten Bertram und Gruyère ein. Einladend sah es hier drinnen nicht gerade aus. Es war ziemlich dunkel, lediglich eine Wand war zum Teil gestrichen und der Rest noch rußgeschwärzt. Eine dichte graue Staubschicht bedeckte den Boden.

»Tschüssing dann. Und viel Erfolg.« Der Fremde hob kurz die Pfote zum Abschied und schob die Pappe wieder von außen vor die Öffnung. Dann entfernte sich das leise Kratzen seiner Krallen auf dem Bürgersteig.

»Hmm, komischer Typ«, murmelte Gruyère, als sie sicher war, dass er weit genug entfernt war. »Etwas an dieser ganzen Sache gefällt mir nicht. Außerdem müssen wir doch nach Pomme de Terre Ausschau halten. Wir dürfen ihn und Claus auf keinen Fall verpassen!«

»Du machst dir immer viel zu viele Sorgen«, seufzte Bertram. »Pomme de Terre ist bestimmt nicht so schnell zurück. Ohne die andere Maus wären wir beide wahrscheinlich tot. Oder zumindest ich. Das Geringste, das wir im Gegenzug tun können, ist, uns erkenntlich zu zeigen. Wir sind schließlich Muskeltiere.«

»Und Ehrenratten«, neckte ihn Gruyère.

Bertram tat so, als hätte er sie nicht gehört. »Dieser Hein-Ole scheint ja ein ziemlicher Fiesling zu sein.«

»Trotzdem«, sagte Gruyère beunruhigt. »Hast du gesehen, wie der Typ geguckt hat, als ich fragte, was er mit Hein-Ole machen wird? Was, wenn er ihm was Schlimmes antut?«

Bertram winkte ab. »Du übertreibst. Außerdem, Ehrenwort ist nun mal Ehrenwort, und ich für meinen Teil werde es halten.«

Er spähte in das Halbdunkel und sah sich nach allen Seiten um. Farbeimer und Leiter standen neben dem Tresen und dahinter befand sich ein großer gemauerter Pizzaofen. Irgendwo hier musste sich dieser Hein-Ole verbergen. Vorsichtig schlich Bertram auf den Tresen zu. Gruyère folgte zögernd. Sie hatte keine große Lust, sich mit dieser fremden Ratte anzulegen. Im Moment hatte sie schon genug andere Sorgen – Pomme de Terre war verschwunden, und dann die Sache mit Picandou. Der Gedanke an ihren Mäuserich machte Gruyère wieder ganz traurig. Unauffällig wischte sie sich eine Träne aus den Augenwinkeln. Sie wünschte sich, dass dieses Feuer nie ausgebrochen wäre, denn dann hätten sie Madame Roquefort auch nicht auf der Straße gefunden und alles wäre noch beim Alten.

Plötzlich kam ihr ein neuer Gedanke. »Diese graue Maus muss mit Madame Roquefort verwandt sein«, sagte sie. »Schließlich haben sie hier alle zusammengelebt.«

»Das habe ich mir auch schon gedacht«, antwortete Bertram. »Das wollte ich ihn eigentlich noch fragen, aber er hat mich ja nicht zu Wort kommen lassen.«

Er war vor dem Ofen stehen geblieben und schaute hinauf. Auch hier hatte das Feuer gewütet, die Backsteine

des Ofens waren schwarz verkohlt, eine Pizzaschaufel lag halb verbrannt daneben und auch die Töpfe und Pfannen waren angesengt.

Es war ein trostloser Anblick, der sich ihnen bot, und Bertram erschauderte bei dem Gedanken daran, dass hier fast eine ganze Mäusefamilie ihr Leben verloren hatte. »Schau dir das nur an«, murmelte er.

Doch Gruyère antwortete nicht. Sie starrte gebannt in eine dunkle Ecke hinter dem Ofen. Ihr standen die Nackenhaare zu Berge. Hatte sich da nicht gerade etwas bewegt?

Sie zupfte Bertram am Fell und deutete in die Ecke. »Ich glaube, da ist jemand«, raunte sie. Sie blieben ganz still und lauschten, doch diesmal rührte sich nichts.

»Ein bisschen unheimlich«, flüsterte Gruyère.

»Ach was.« Bertram machte mutig ein paar Schritte auf den Ofen zu.

»Bleib hier!«, rief Gruyère erschrocken.

Im selben Moment knallte ihr etwas auf den Schädel und sie torkelte zu Boden. Der Angreifer warf sich auf sie. Bertram kehrte sofort um und sprang ihr mit gezücktem Degen zur Seite.

Die hagere Ratte ließ Gruyère, die benommen auf dem Boden lag, plötzlich los und wandte sich dem Hamster zu.

Sie hielt einen halben Holzlöffel wie ein Schwert vor sich. Damit hatte sie Gruyère auf die Nase gehauen.

Bertram zog scharf die Luft ein. Das also war Hein-Ole. Seine struppigen Barthaare wirkten ungepflegt und sein fleckiges Fell war matt und zottelig. Er sah wirklich zum Fürchten aus.

»En garde!«, rief Bertram, der nun mit seinem Degen aufgeregt hin und her fuchtelte. Er sprang mal nach links, mal nach rechts, duckte sich und tänzelte um Hein-Ole herum.

Doch der war gewappnet. Mit wenigen Hieben setzte er den Hamster außer Gefecht.

Der Holzlöffel traf Bertram am Arm, sein Degen flog durch die Luft und fiel klirrend zu Boden. Hein-Ole kickte ihn zur Seite, setzte Bertram den Holzlöffel auf den Bauch und gab ihm einen kräftigen Stoß.

Bertram taumelte rückwärts und landete auf dem Po.

Gruyère, die durch den Schlag noch immer etwas benommen war, rappelte sich langsam auf und kam ihrem Freund zu Hilfe, doch Hein-Ole wandte sich mit ausgestrecktem Kochlöffel um. Gruyère knallte gegen den Löffel, verlor das Gleichgewicht und taumelte neben Bertram zu Boden.

Hein-Ole nahm ihr mit geschickter Bewegung den Degen ab und mit dem halben Holzlöffel in der einen und dem Degen in der anderen Pfote zeigte er abwechselnd auf sie und auf Bertram.

»K-k-keiner rührt sich, ka-kapiert!«, sagte er scharf. Er hatte einen langen schiefen Vorderzahn und ein mageres Gesicht. Eine Schönheit war er jedenfalls nicht, so viel stand fest.

»Wer hat euch ge-geschickt? Wenn es dieser He-He-Helmut war, dann hat euer letztes Stündlein geschlagen, ka-kapiert?!«

»Helmut?«, fragte Bertram. Wer war denn das schon wieder?

Gruyère und Bertram wechselten einen ängstlichen Blick. Die graue Maus hatte recht gehabt. Mit Hein-Ole war nicht zu spaßen, und nun saßen sie ganz schön in der Patsche.

Kapitel 14

Ein Haufen Ärger

Pomme de Terre hatte Gruyères letzte Worte nicht mehr gehört. Ein Rauschen, das immer lauter wurde, hatte sie verschluckt und dann hatte ihn ein Wasserschwall ergriffen und mitgerissen. So gut es ging, hielt er den Kopf an der Oberfläche und ruderte mit allen vier Pfoten. Ein Stück Holz schwamm an ihm vorbei und er klammerte sich verzweifelt daran fest. Schneller und immer schneller wurde er durch das dunkle Rohr getragen. Mit letzter Kraft zog er sich auf

das Holzstück wie auf ein Floß und versuchte zu erkennen, wohin er getrieben wurde. Und dann tauchte das Gitter vor ihm auf. Voller Entsetzen begriff Pomme de Terre, dass das Holzstück viel zu schnell darauf zuschoss. Gleich würde es daran zerschmettern.

Es gab nur eine Möglichkeit – er sprang wieder ins Wasser. Gerade noch rechtzeitig, denn das Holz prallte gegen das Metall und wurde zurückgeschleudert. Ein Holzende traf Pomme de Terre am Kopf. Ihm wurde schwummerig und er versuchte, das Holz festzuhalten, aber es entglitt ihm. Er spürte, wie er von dem Wasserstrudel hinabgezogen wurde. Er durfte jetzt auf keinen Fall das Bewusstsein verlieren, sonst würde er ertrinken! Nach Luft schnappend kämpfte Pomme de Terre sich wieder nach oben, doch die Strömung drückte ihn gegen das Gitter und er glaubte schon, sein letztes Stündlein habe geschlagen.

Und dann auf einmal spürte er wieder Boden unter den Füßen. Das Wasser war so schnell verschwunden, wie es gekommen war.

Er stand jetzt in einer schlammigen Pfütze. Sein Kopf pochte vor Schmerz und sein Fell war von oben bis unten mit Matsch beschmiert. Er schüttelte sich und sah sich um. In den Pfützen spiegelte sich ein matter Lichtschimmer. Aber wo kam das Licht her? Irgendwo hinter dem Gitter, in nicht allzu weiter Ferne, musste eine Öffnung nach oben sein. Pomme de Terre quetschte sich durch das Gitter und lief das Rohr hinauf, dem Licht entgegen. Eine verrostete Leiter führte zu einem Gullydeckel. Pomme de Terre hangelte sich langsam nach oben, dann hievte er sich mit letzter Kraft durch ein Gullyloch auf die Straße.

Nach der Dunkelheit im Schacht blendete ihn das Tageslicht und er musste die Augen schließen. Er blinzelte mehrmals und dann, mit einer Mischung aus Schrecken, Fassungslosigkeit und Freude, erkannte er, wo er war. Er stand tatsächlich vor der *Dicken Seejungfrau*, seinem alten Zuhause!

»Wat 'n dicken Jonny!«, murmelte er. »Wat'n echten dicken Jonny!« Träumte er? Er kniff sich sicherheitshalber in den Arm. Nein, das tat ganz schön weh, also doch kein Traum. Was für merkwürdige Zufälle es doch im Leben gab. Nie hätte er gedacht, dass er diesen Ort je wiedersehen würde.

Aber etwas war anders als früher – die *Dicke Seejungfrau* wirkte seltsam verlassen. Etwas stimmte hier nicht.

Neben der Eingangstür baumelte ein Schild, das früher nicht da gewesen war. Vielleicht eine Nachricht? Pomme de Terre trippelte zur Tür und versuchte, die Buchstaben zu entziffern. Er war etwas aus der Übung, denn es war schon eine ganze Weile her, dass Bertram ihm das Lesen beigebracht hatte. Der Hamster war damals ein sehr gewissenhafter Lehrer gewesen. Er hatte sogar jeden einzelnen

Buchstaben vorgeturnt und einige davon aus Käserinden nachgebaut. Angestrengt versuchte Pomme de Terre, sich zu erinnern.

»Su ven…«, buchstabierte er langsam und dann: »… ka uffen.«

Nein, das ergab keinen Sinn. Er probierte es noch einmal: »Su verka… uffen.« Und dann gleich noch einmal: »Zu verkaufen, uff.« Na, das ging doch wie geschmiert!

Aber was sollte das bedeuten? Was war seit damals geschehen und was war mit Herrn Klemke, dem Besitzer, passiert?

Immerhin hatten sie viele Jahre in Eintracht miteinander gelebt, zumindest so lange, wie Klemke nichts von seinem Mitbewohner wusste. Jede Nacht hatte sich Pomme de Terre um die Erdnüsschen und Salzstangenkrümel gekümmert, die die Gäste auf den Boden fallen ließen, bis dann an jenem Unglückstag alles zu Ende gewesen war.

Bei dem Gedanken an die Erdnüsschen machte sich Pomme de Terres Magen durch ein lautes Knurren bemerkbar. Er hatte mächtigen Kohldampf, denn der letzte Müllsack lag schon eine Ewigkeit zurück. Ob sein alter Geheimgang wohl noch existierte? Im Restaurant lagen bestimmt noch ein paar gute Krümelchen herum, denn Klemke war nicht gerade eine Putzfee gewesen. Das Knurren von Pomme de Terres Magen wurde noch dringlicher. Eine kleine Stärkung, bevor er sich auf den Weg nach Blankenese machte, wäre jetzt genau das Richtige! Die anderen warteten zwar bestimmt auf ihn, aber mehr als ein paar Minuten würde er für den kleinen Abstecher nicht brauchen.

Pomme de Terre trippelte ums Haus herum und bahnte sich einen Weg durch das Unkraut. An der Wand stand noch immer der ausrangierte Süßigkeitenautomat mit den kaputten Scheiben. Pomme de Terre schob sich daran vorbei. Dahinter war eine alte Holztür mit einer abgeschabten Ecke, durch die sich eine Maus bequem hindurchzwängen konnte. Daneben hing ein zerrissenes Plakat mit einem dicken singenden Matrosen. »Junge, komm bald wieder nach Haus« stand darauf. Pomme de Terre lächelte wohlwollend, als er die Worte entziffert hatte. Das war eindeutig ein Zeichen!, dachte er. Aber da irrte er sich gewaltig.

Hein-Ole nahm langsam die Spitze des halben Kochlöffels von Bertrams Brust. Bertram atmete erleichtert auf, aber nur kurz. Denn Hein-Ole deutete jetzt auf seinen Bauch. »A-a-abnehmen«, befahl er schroff.

»Ich bin doch schon dünner geworden«, sagte Bertram kleinlaut.

»Ich meine dieses ko-ko-komische Ding da.« Die Ratte deutete auf die Degenhalterung, die Bertram um den Körper geschlungen trug. Er hatte sie aus einem roten Bindfaden gebastelt und war sehr stolz darauf.

Zögerlich nahm Bertram die Halterung ab. Was hatte Hein-Ole damit vor?

Der zeigte jetzt auf Gruyère. »A-abnehmen«, wiederholte er.

Auch Gruyère löste ihre Degenhalterung.

»Fe-fe-fesseln«, sagte Hein-Ole dann. »Aber keine Mätzchen, ka-kapiert?«

Bertram rappelte sich auf. Er schielte hinüber zu seinem Degen. Ob er den schnell schnappen konnte? Doch Hein-Ole hatte offenbar seine Gedanken gelesen und kickte so kräftig gegen den Degen, dass dieser über den Boden schlidderte und in einer dunklen Ecke liegen blieb.

»Ich wa-wa-warne dich nicht noch einmal. Nä-nächstes Mal ma-ma-mache ich Ernst.« Er fuchtelte bedrohlich mit der Kochlöffelhälfte und dem Degen, dabei funkelten seine Äuglein wütend.

Gruyère warf Bertram einen warnenden Blick zu. Dieser Hein-Ole schien vor nichts zurückzuschrecken.

Er zeigte jetzt erneut auf Gruyère: »Alle vier Pfoten nach hi-hi-hinten strecken! Aber dalli! Und du«, er deutete auf Bertram, »fe-fe-fessle sie.«

Gruyère hatte die Pfoten nach hinten gestreckt und Bertram gehorchte widerwillig. Hein-Ole ließ Bertram nicht aus den Augen, überprüfte fachmännisch die Knoten und korrigierte etwas nach, bis er damit zufrieden war.

Dann wandte er sich wieder dem Hamster zu. »Jetzt du, K-K-Kumpel!«, knurrte er. Bertram streckte zögerlich die Pfoten nach hinten und mit ein paar geschickten Bewegungen hatte Hein-Ole ihn gefesselt. Kaum war die Ratte damit fertig, da torkelte sie plötzlich erschöpft einen Schritt zurück. Sie konnte sich kaum auf den Beinen halten. Erst jetzt begriffen die Muskeltiere, dass Hein-Ole eigentlich so schwach war, dass sie ihn mit links hätten überwältigen können. Aber das hatte er geschickt vor ihnen verborgen, und nun war es zu spät. Langsam, sehr langsam wankte er hinter den Tresen und verschwand im Dunkeln.

Gruyère warf Bertram einen entnervten Blick zu. Sie hatte geahnt, dass sie sich mit der ganzen Sache nur Ärger einhandeln würden. Aber dieser Hamster musste ja immer gleich vorpreschen.

Bertram schaute verlegen die halb gestrichene Wand an. Er wünschte sich inzwischen sehr, er wäre mit seinem Muskeltier-Ehrenwort etwas sparsamer gewesen, aber für Reue war es nun eindeutig zu spät.

Er versuchte, seine Pfoten zu bewegen. Vielleicht gelang es ihm ja, die Fesseln zu lockern. Leider gab der Bindfaden keinen Millimeter nach. Hein-Ole war gründlich gewesen und außerdem schien er ein Experte für Seemannsknoten zu sein. Bertram suchte angestrengt nach einer Lösung.

»Ich hätte da eine Idee«, sagte er schließlich leise zu Gruyère, die ein Stück von ihm entfernt auf dem Boden lag. »Ich könnte versuchen, deine Fesseln mit den Zähnen anzunagen. Meine Knoten waren nicht ganz so fest wie die von Hein-Ole.«

Gruyère sah ihn zweifelnd an. »Wenn du meinst.«

Bertram nahm Schwung, wippte auf seinem Bauch hin und her und rollte ein paar Zentimeter in Gruyères Richtung. Da erklang Hein-Oles Stimme: »Bleib wo du bist! Ich sehe genau, was du tust.«

Bertram hielt erschrocken inne. Er sah sich um, aber Hein-Ole war nirgends zu entdecken. Von wo aus beobachtete er sie? Er hatte sich wirklich sehr gut versteckt. Was nun? Bertram war ratlos. Ihre einzige Hoffnung war der graue Mäuserich. Wenn er heute Nacht auftauchte, würde Bertram ihm einfach zuflüstern, dass er Claus und Pomme de Terre hierherführen sollte. Claus würde sie bestimmt befreien können, denn vor einem Menschenkind hatte selbst dieser Hein-Ole Angst.

Die Zeit kroch dahin. Vor der Tür hörten sie Schritte und Stimmen von Passanten. Wenn jetzt der Maler oder Signor Fransceso plötzlich durch die Tür kamen, dann waren sie geliefert! Die Menschen würden die zwei wie Kohlrouladen gefesselten Fellbündel sofort entdecken. Bertram überlegte, ob er es nochmals wagen sollte, hinüber zu Gruyère zu robben, aber dann ließ er es lieber bleiben. Es war vernünftiger, auf die graue Maus zu warten. Und dann gab es ja noch diesen Helmut, den Hein-Ole zu fürchten schien.

Die Sonne stahl sich durch die Ritzen in der Pappe und wärmte sie und irgendwann dösten beide ein.

Kapitel 15

Zur Dicken Seejungfrau

Pomme de Terre hatte sich vorsichtig durch den Türspalt geschoben und sah sich um. Er stand in einem kleinen fensterlosen Raum. Hier stapelten sich Kisten mit leeren Flaschen, die von Spinnweben überzogen waren. Dahinter führte eine Tür in den Gastraum. Pomme de Terre trippelte auf die Tür zu, blieb einen Moment dort stehen und sog genüsslich den vertrauten Duft von Erdnusskernen und abgestandenem Bier ein. Herrlich! Nichts hatte sich verändert. Tische und Stühle standen noch immer an ihren gewohnten Plätzen und vor den Butzenscheiben hingen Blümchengardinen. Pomme de Terre spazierte zwischen den Tischen umher und fand sogar noch einige Erdnüsse und Salzstangenkrümel. Zugegeben, die Erdnüsse waren schon etwas muffig und die Salzstangenkrümel ziemlich hart, aber sie schmeckten nach zu Hause. Der Mäuserich seufzte wohlig. Der vertraute Geschmack ließ Erinnerungen an sein Leben in der *Dicken Seejungfrau* hochsteigen. Es war nie langweilig geworden, denn hier war immer etwas los. Er hatte spannende Fußballspiele im Fernsehen und die eine oder andere Schlägerei miterlebt. Aber am liebsten hatte er abends in seinem Nest gelegen und den Seemannsliedern gelauscht, die die Gäste grölten. Selbst wenn Klemke den Laden jetzt verkaufte, würden sich bestimmt auch die anderen zwei Muskeltiere hier wohlfühlen. Kneipe blieb schließlich Kneipe.

»Ha! Das is' überhaupt 'ne Spitzenidee«, murmelte Pomme de Terre bei sich. Er beschloss, sofort zurückzugehen, um den beiden von seinem Einfall zu erzählen. Schnell las er noch zwei Salzstangenkrümel auf und wollte gerade in Richtung Ausgang trippeln, da klapperte ein Schlüssel im Schloss und gleich darauf betraten drei Männer den Raum.

Pomme de Terre witschte blitzschnell hinter die Theke. Einen der drei erkannte er sofort: Es war Herr Klemke. Er hatte sich kein bisschen verändert, trug immer noch einen eindrucksvollen Bierbauch vor sich her und strich sich, wie immer, wenn er nervös war, mit der Hand über die glänzende Glatze. Herr Klemke führte zwei gut gekleidete Herren durch den Raum. Pomme de Terre hörte, wie er den beiden erklärte, wie toll das Geschäft in der *Dicken Seejungfrau* lief. Der Mäuserich wusste natürlich, dass das geflunkert war.

Schon damals hatte Pomme de Terre sehr wohl mitbekommen, dass immer weniger Gäste kamen.

Plötzlich blieb Klemke dicht vor ihm stehen und lehnte sich gegen den Tresen. Pomme de Terres Herz klopfte wild in seiner Brust und er duckte sich noch etwas tiefer. Wenn Klemke ihn entdeckte, war er geliefert. Der hatte schon damals nicht davor zurückgeschreckt, den Kammerjäger auf ihn anzusetzen, und Pomme de Terre war nur knapp dem Tod von der Schippe gesprungen. Hastig sah er sich nach einem Versteck um – aber es gab keines. Was jetzt?

Er drückte sich an die Wand der Theke und wagte es kaum, zu atmen. Er musste so schnell wie möglich hier raus. Auf Krallenspitzen schlich er am Tresen entlang bis zur nächsten Ecke. Gegenüber lag die Tür, die in den kleinen Raum und zu seinem Geheimgang führte. Ob er mit einem schnellen Sprint den Weg in die Freiheit wagen sollte?

Zu spät! Noch während er überlegte, näherten sich wieder die Schritte der Männer. Sie blieben direkt neben ihm stehen. Pomme de Terre hätte sich in den Allerwertesten beißen können. Er hatte den Moment verpasst. Nun musste er abwarten, bis sie die Gaststätte verließen. Von seinem Versteck aus sah er, wie Klemke auf die Tür des kleinen Raumes zusteuerte. »Schauen Sie mal«, rief er eifrig. »Hier ist jede Menge Stauraum. Nicht nur für Getränke!« Er ging hinein und schob einen Turm leere Bierkisten zur Seite. »Ungeahnte Möglichkeiten!«

Die Männer beobachteten ihn und nickten höflich, das Argument schien sie nicht zu überzeugen. Klemke versuchte seine Enttäuschung zu verbergen. Kurz darauf verließen die drei das Haus und Klemkes Schlüssel wurde im Schloss herumgedreht. Dann war es still.

Pomme de Terre lief hinüber in den kleinen Raum, dann blieb er wie angewurzelt stehen und starrte entsetzt auf den Bierkistenturm. Er stand jetzt direkt vor der Tür. Pomme de Terre versuchte sich an den Kisten vorbeizuquetschen. Keine Chance. Klemke hatte ihm, ohne es zu wissen, den Weg in die Freiheit abgeschnitten. Wie sollte er hier jetzt herauskommen?

»Ruhig Blut«, murmelte er leise zu sich. »Ganz ruhig Blut und den Gripskasten einschalten.«

Er sah sich suchend um, dabei fiel sein Blick auf die Butzenfenster. Vielleicht war ja eines davon zerbrochen! Er sprang auf einen Stuhl, kletterte von dort aus auf einen Tisch und dann hangelte er sich an einer Blümchengardine hinauf, um einen besseren Überblick zu bekommen. Nein, die Scheiben hatten nicht das winzigste Loch, stellte er enttäuscht fest. Auf den Fenstersimsen lagen tote Fliegen, die vergeblich versucht hatten, nach draußen zu gelangen. Ob ihm dasselbe Schicksal blühte?, überlegte Pomme de Terre. Nein, so schnell würde er nicht aufgeben! Er musste unbedingt eine Lösung finden. Er trippelte hinüber zur Küche und dann zu den Toiletten und suchte jeden Winkel ab. Aber nirgends führte ein Weg nach draußen. Schließlich stand er wieder vor der Eingangstür. Doch auch hier gab es weder eine angeschabte Ecke noch das winzigste Löchlein.

Pomme de Terre zupfte ratlos seine Schnurrhaare. Er hatte in seinem Mäuseleben schon oft in der Klemme gesteckt, aber diesmal wusste er wirklich nicht weiter. Er wünschte sich, er hätte auf den kleinen Abstecher in sein altes Zuhause verzichtet.

Wer wusste schon, wann Klemke mit den nächsten Käufern anrückte, denen er die *Dicke Seejungfrau* andrehen konnte. Höchstwahrscheinlich würde sich das mit dem Verkauf noch hinziehen. Die Anzugträger hatten nicht besonders begeistert gewirkt. Jedenfalls würde Pomme de Terre sofort nach draußen witschen, sobald Klemke die Haustür aufsperrte. Und hoffentlich war er bis dahin nicht verhungert oder verdurstet oder sogar beides.

Es ist wohl doch keine so gute Idee gewesen, mit den Muskeltieren hierherzuziehen, dachte Pomme de Terre entmutigt und ließ sich neben die Treppe sinken. Sie lag gegenüber der Haustür und führte bis hinauf zum Dachboden. Hinter der untersten Stufe befand sich ein kleiner Hohlraum. Dort konnte er sich verstecken und warten, bis die Haustür wieder aufging. Pomme de Terre krabbelte in den Hohlraum und lehnte sich gegen die Holzwand. Er war auf einmal schrecklich müde. Die Nacht und der Tag waren lang gewesen und er hatte seit einer gefühlten Ewigkeit kein Auge mehr zugetan. Er dachte an Gruyère und Bertram, die auf ihn warteten, und noch während er an sie dachte, war er schon eingeschlafen. Er schlief tief und fest. Und irgendwann träumte er vom Wasser, das ihn durch das dunkle Rohr trug, vom Gitter, das immer näher kam, und plötzlich hatte er Flügel. Er flog damit durch Klemkes Gaststätte und knallte, genau wie die Fliegen, immer wieder gegen die Fensterscheibe. Und dann merkte er, dass er nicht mehr träumte. Er hörte tatsächlich ein Knallen, aber es kam nicht von den Fenstern.

Kapitel 16

Ein ganz schnieker Müllsack

Als Pomme de Terre die Augen aufschlug, bemerkte er, dass die Sonne schon tief am Himmel stand, denn ihre Strahlen fielen schräg durch die Butzenscheiben der Eingangstür. Seit Klemkes Besuch mussten viele Stunden vergangen sein. Der Traum war so täuschend echt gewesen, dass Pomme de Terre vorsichtig seinen Kopf abtastete. Aber nirgends war eine Beule zu spüren. Außerdem konnte ihm nichts auf den Kopf gefallen sein, denn er saß noch immer im Schutz der Treppenstufe.

Plötzlich hörte er das Geräusch noch einmal. Es kam von weiter oben. Etwas war auf das Hausdach geknallt. Pomme de Terre krabbelte aus seinem Versteck und spähte die Treppe hinauf, die zum Dachboden führte. Hatte sich ein Eindringling dort eingeschlichen? Oder lebte inzwischen vielleicht eine andere Maus in der *Dicken Seejungfrau*?

Pomme de Terre beschloss nachzusehen und kletterte ein paar Stufen hinauf.

»Hallo?«, rief er leise, aber nichts rührte sich und es kam auch keine Antwort. Sehr vorsichtig kraxelte er die nächsten Stufen hoch und spähte durch die angelehnte Tür auf den Dachboden. »Hallo!«, rief er noch einmal. Wieder keine Antwort. Pomme de Terre machte ein paar mutige Schritte nach vorne.

Die Abendsonne schimmerte durch die Ritzen zwischen den Dachziegeln und tauchte den Raum in ein rötliches Halbdunkel. Plötzlich knallte es erneut. Pomme de Terre flitzte hinter die Tür und sah sich suchend um, doch auch in den dunkelsten Winkeln des Dachbodens regte sich nichts.

Wieder knallte es. Das Geräusch kam eindeutig vom Dach! Pomme de Terres Blick glitt nach oben und er entdeckte eine besonders große Ritze zwischen zwei Dachziegeln. Auf einmal wusste er, wie er hier rauskommen konnte! Er erkannte zwar nicht, wo der Knall herkam, aber das war ihm in diesem Moment egal.

Er hievte sich auf einen der Holzsparren, die das Dach stützten, und kletterte daran hoch, bis er die Lücke erreichte. Dann quetschte er sich durch den Spalt ins Freie. Die Abendsonne färbte den Himmel bereits rosa und ein paar Wölkchen erstrahlten in ihrem Licht. Pomme de Terre balancierte vorsichtig auf den Ziegeln, blinzelte und sah sich um. Von hier oben hatte er einen weiten Blick über eine Schnellstraße und einen Kanal. Die Dachschräge war ziemlich steil und er musste sich festkrallen, um nicht in die Tiefe zu rutschen.

Zu seiner Rechten musste Blankenese liegen und zu seiner Linken, wo er die Lagerhäuser der Speicherstadt erkannte, befand sich irgendwo die Deichstraße. Was wohl Bertram und Gruyère jetzt machten?

Bestimmt warteten sie darauf, dass Claus und Pomme de Terre sie endlich abholten. Vorsichtig rutschte und hangelte er sich Ziegel für Ziegel das Dach hinab. Er wusste auch schon, wie er auf die Straße gelangen würde. Sobald er die Dachrinne erreichte, wollte er von dort aus das Regenrohr hinunterklettern.

Etwas knallte dicht neben ihm aufs Dach. Vor Schreck ließ Pomme de Terre den Ziegel los und dann rutschte er hilflos und immer schneller das Dach hinab. Verzweifelt versuchte er, sich festzuhalten, doch die Ziegel waren glatt und viel zu hart. Plötzlich plumpste er in die Regenrinne und blieb mit einem Ruck dort hängen. Das Blut rauschte in seinen Öhrchen und ihm war schwindelig – er hatte Glück im Unglück gehabt. Aus den Augenwinkeln sah er, wie etwas Rundes ganz in seiner Nähe die Dachziegel hinabkullerte und dann weit, weit unten auf der Straße aufschlug. Es war eine Nuss. Sie brach entzwei und eine Krähe folgte ihr im Sturzflug. Das war also das Geräusch, das er gehört hatte. Die Krähe pickte die Stücke auf und flog davon. Pomme de Terre sah jetzt, wie eine zweite Krähe zum Dach hinaufflog. Auch sie trug eine Nuss im Schnabel und ließ sie fallen. Pomme de Terre beobachtete, wie die Nuss das Dach hinabkullerte und auf der Straße aufprallte. Hätte er sich nicht an der Dachrinne festgekrallt, dann hätte ihm das gleiche Schicksal geblüht wie der Nuss, dachte er mit einem flauen Gefühl im Magen.

Ein Schatten senkte sich plötzlich über ihn und als er aufschaute, war es schon zu spät: Kopfunter hing er in der Luft und wurde in schwindelerregende Höhen hinaufgetragen. Aber es war keine Krähe, die ihn da am Schwanz gepackt hatte, sondern eine Möwe.

»MahlzeitMahlzeit«, krächzte sie gut gelaunt. Sie segelte über die Dächer der umliegenden Häuser und dann hinauf zur Elbe. Der Fluss lag glitzernd unter ihnen und Schiffe, so klein wie Spielzeuge, zogen auf dem Wasser gemächlich dahin und stießen Rauchwölkchen aus. Pomme de Terre konnte sein Pech nicht fassen! Er war so kurz vorm Ziel gewesen, und dann das hier! Hätten diese blöden Krähen ihn nicht abgelenkt, dann würde er jetzt im Regenrohr hinabkraxeln. Er ahnte, dass ihm nichts Gutes bevorstand. Möwen wurden nicht umsonst die Ratten der Lüfte genannt. Hatte sein Cousin vierten Grades nicht seine Frau an eine dieser gefräßigen Möwen verloren? Sie waren bei ihren Mahlzeiten oft nicht sehr wählerisch, vor allem dann nicht, wenn sie Hunger hatten – und diese hier schien ihn schon als Abendessen eingeplant zu haben.

»MahlzeitMahlzeit«, krächzte die Möwe nochmals. Sie flog nun am Flussufer entlang, setzte unbeholfen zu einer Landekurve an und steuerte etwas wackelig auf einen Strand zu, an dem eine Bude mit Strohdach stand.

Pomme de Terre überlegte fieberhaft. Viel Zeit blieb ihm nicht. Wenn die Möwe erst einmal gelandet war, würde sie sich bestimmt gleich auf ihn stürzen. Er konnte schon die einzelnen Kieselsteine erkennen und dann berührten die Füße der Möwe den Boden. Sie schlidderte und hüpfte mit ausgebreiteten Flügeln über den Sand und Pomme de Terre baumelte in ihrem Schnabel hilflos hin und her. Vergeblich versuchte er, sich zu befreien, und zwickte sie kräftig in den Hals. Die Möwe ließ nicht los, schimpfte dafür aber so laut mit ihrer Mahlzeit, dass gleich zwei schaulustige Artgenossen, die vor der Bude nach Essensresten suchten, neugierig herüberhüpften.

Pomme de Terre war umzingelt. »MeineMahlzeitMeineMahlzeit«, verkündete die erste Möwe laut.

Die zwei anderen betrachteten Pomme de Terre interessiert.

»NichGeradeLecker«, sagte die eine.

»NeeNeeNichtGeradeLecker«, sagte die zweite.

Pomme de Terre horchte auf. Die Stimmen kamen ihm irgendwie bekannt vor. Er sah die zwei Möwen jetzt etwas genauer an.

»Kennen wir uns nicht?«, rief er ihnen zu.

Die eine Möwe legte den Kopf zur Seite, hüpfte etwas näher heran und beäugte überrascht die kleine Maus. Es dauerte einen Moment, und dann rief sie: »IsJaNichZuFassen!IsJaEchtNichZuFassen!«

»NeeNeeEchtNichtZuFassen«, rief die zweite entzückt. Auch sie hatte Pomme de Terre inzwischen wiedererkannt. »WirKennenUnsWoherkennenWirUns?!«

Möwe Nummer Eins warf den beiden einen ungehaltenen Blick zu. »MeineMahlzeit!Nur*Meine*Mahlzeit.« Sie hielt Pomme de Terre immer noch fest im Schnabel.

Kopfüber grinste er die beiden anderen an. »Wir kennen uns vom Schiff«, sagte er. »Ihr habt damals mir und meinen Freunden sehr geholfen. Wisst ihr noch – Hamster, Ratte, Maus!«

»HamsterRatteMausHamsterRatteMaus!«, krähte die eine Möwe.

»RichtigRichtigBeimRentnervereinRentnerverein«, sang die zweite und hüpfte vergnügt auf und ab.

»GenauGenauBeimRentnervereinRentnerverein«, wiederholte die andere begeistert.

»MeineMahlzeit?«, fragte die erste und betrachtete ihre Kollegen misstrauisch.

»Und dafür haben wir euch fürstlich mit einem tollen Müllsack belohnt«, fuhr Pomme de Terre fort, der auf einmal wusste, wie er hier wieder lebend rauskommen konnte. »Erinnert ihr euch noch?«

»MüllsackMüllsackLeckerLeckerMüllsack«, sangen die zwei Möwen.

»MeineMahlzeitMeineMahlzeit?«, rief die erste Möwe fragend.

Pomme de Terre schielte hinauf zu seiner Entführerin.

»Ich habe da etwas, das viel besser schmeckt als ich, min Deern«, rief er ihr zu. »Ein ganz, ganz schnieker Müllsack. Deine Kollegen hier kennen ihn schon, stimmt's?«

Die zwei nickten begeistert. »GanzGanzSchniekerMüllsack«, sangen sie. »SoWasvonLeckerLeckerLecker.«

»Ich renne auch nicht weg«, fuhr Pomme de Terre fort. »Aber ich brauche eure Hilfe und dafür verspreche ich euch den besten Müllsack in ganz Hamburg.«

Die zwei waren nicht mehr zu stoppen. »GanzGanzSchnieker-Müllsack, GanzGanzSchniekerMüllsack«, sangen sie und flatterten aufgeregt mit den Flügeln. Die erste Möwe zögerte noch, aber die Begeisterung ihrer Kolleginnen war ansteckend. Sie öffnete den Schnabel und Pomme de Terre plumpste zu Boden. Er rappelte sich auf, klopfte sich den Sand aus dem Fell und versuchte sich nicht anmerken zu lassen, dass ihm gerade vor Erleichterung ein ganzer Haufen Kieselsteine von den Schultern gepurzelt war.

»Hört zu«, sagte er. »Ich schlage euch einen Deal vor: Ihr bringt mich nach Blankenese und danach bringe ich euch zum Müllsack. Einverstanden?«

Bevor »MeineMahlzeit« protestieren konnte, packte ihn die Möwe, die ihn zuerst wiedererkannt hatte, mit dem Schnabel und flog mit ihm los. Die anderen zwei folgten ihr dicht auf den Fersen. Während sie in der Dämmerung über die Dächer der alten Kapitänshäuser flogen, hörte Pomme de Terre ab und zu noch leisen Protest von »MeineMahlzeit«, aber das war ihm egal. Er war noch einmal glimpflich davongekommen, und auf wundersame Weise kam er jetzt schneller als gedacht nach Blankenese. Nun musste er nur noch Claus finden.

Die Sonne war inzwischen untergegangen und der Himmel spiegelte sich in zarten Tönen auf dem Fluss.
Die weißen Häuser am Ufer färbten sich im Abendlicht orange und die Nachtschatten lagen schon tief und schwer zwischen den Bäumen.

Kapitel 17

Hein-Oles Geheimnis

Als Gruyère aufwachte, spürte sie Hein-Oles Blick auf sich ruhen. Es war inzwischen fast dunkel geworden, aber Gruyère erkannte seine Silhouette. Er stand an den Tresen gelehnt und beobachtete sie. Gruyère bemerkte auch, dass er sich kaum auf den Beinen halten konnte. Er war so mager, dass sich seine Rippen unter dem struppigen Fell abzeichneten. Was, wenn er vor Schwäche jetzt umkippte und nicht mehr zu sich kam?

Die graue Maus war nicht aufgetaucht, und wer wusste schon, ob sie überhaupt noch kommen würde? Wenn Gruyère nichts einfiel, würden sie und Bertram elendig verhungern, denn Pomme de Terre und Claus würde sie hier nie und nimmer finden. Was sollte sie bloß tun?

Ihr Blick fiel wieder auf Hein-Ole. Zwar hatte die graue Maus sie davor gewarnt, dass er mit allen Wassern gewaschen sei, aber wie ein echter Fiesling sah er bei genauerer Betrachtung eigentlich nicht aus. Eher etwas verwahrlost und irgendwie verloren.

»Ist alles in Ordnung?«, fragte sie.

Hein-Ole machte ein paar vorsichtige Schritte auf sie zu. Gruyère bemerkte, dass seine Augen glasig waren. Und jetzt sah sie auch, dass die schwarzen Stellen auf seinem Fell keine Flecken waren, sondern Brandspuren. Sein Fell war überall versengt, deswegen war er so struppig. Er musste ordentlich etwas vom Feuer abbekommen haben, als er die Mäusefamilie vertrieben hatte. Allerdings, viel hatte er davon wohl nicht gehabt, denn in einer Ruine zu wohnen, in der es nichts zu essen gab, war ja auch nicht schön.

»A-a-alles gut«, sagte er schwach und nach einer längeren Pause fügte er hinzu: »Ich ha-habe allerdings seit über einer Woche k-k-kaum etwas gegessen. Nicht seitdem diese Ga-Ganoven hier alles in Brand gesetzt haben. Aber e-egal.«

Gruyère sah ihn überrascht an. »Wer hat hier alles in Brand gesetzt? Ich dachte, das wärst du gewesen?«

»Ich?« Hein-Ole sah sie ungläubig an. Er schüttelte den Kopf und lachte bitter. »Wie k-kommst du denn darauf? Warum sollte ich mein eigenes Zu-Zuhause in Brand setzen? Das wäre doch zi-zi-ziemlich verrückt, oder?«

»Dein Zuhause?« Gruyère verstand überhaupt nichts mehr. »Ich dachte, es gehört der grauen Maus …« Zu spät merkte sie, dass sie sich verplappert hatte.

»He-He-Helmut?« Hein-Oles Augen verengten sich. »Also doch«, sagte er und machte noch einen Schritt auf sie zu. »Was ha-ha-hast du mit Helmut zu schaffen?«, fragte er argwöhnisch.

»Ni-nichts«, antwortete Gruyère etwas zu schnell. Helmut und der graue Mäuserich waren also ein und derselbe!

Hein-Oles Blick durchbohrte sie. »Ich wu-wu-wusste, dass ihr lügt!«, zischte er. »Also ra-ra-raus mit der Sprache – hat er euch geschickt? Wa-wahrscheinlich sollt ihr mich a-a-ausspionieren. Oder gleich u-u-umbringen. Es reicht ihm wohl nicht, dass er mein Heim abgebrannt hat. Dieser Wi-Widerling!«

»*Er* hat dein Heim abgebrannt?«, flüsterte Gruyère verunsichert.

»Ja. Er und d-d-dieses Fräulein Flieder. Jetzt t-t-tu nicht so – sie haben euch doch ge-geschickt.«

»Nein.« Gruyère schüttelte entschieden den Kopf. »So war es nicht.«

»W-wie war es dann?«

Gruyère warf Bertram einen Hilfe suchenden Blick zu, doch der Hamster schnarchte immer noch leise vor sich hin und bekam nichts von alledem mit, was gerade geschah.

Gruyère zuckte nervös mit der Schwanzspitze. Sie wusste, ein falsches Wort, und es war um sie und Bertram geschehen. Krampfhaft suchte sie nach einer guten Erklärung, doch ihr Kopf war leer. Es blieb nichts anderes übrig, als die Wahrheit zu sagen. »Hör zu«, flüsterte sie. »Ich will dich nicht anlügen. Ich erzähle dir alles, was passiert ist.«

Und dann erzählte sie. Sie erzählte von ihrem Picandou und Madame Roquefort, sie erzählte von der Mausefalle und davon, dass Picandou sie nicht mehr in der Höhle haben wollte, und wie

die drei Muskeltiere beschlossen hatten, sich ein neues Zuhause zu suchen. Hein-Ole hörte ihr aufmerksam und schweigend zu. Sie erzählte vom Gullyloch und davon, wie die graue Maus namens Helmut sie und Bertram gerettet hatte. Als sie schilderte, wie Helmut ihnen im Gegenzug das Versprechen abgenommen hatte, Hein-Ole zu fangen, blitzten die Augen der Ratte vor Wut.

»D-d-dieser gemeine Hu-Hu-Hund!«, stieß er hervor. »Ich k-k-kann nicht glauben, wie ni-niederträchtig der ist.« Er schwankte wieder etwas und tastete nach einem Halt. Er sah wirklich nicht gut aus. Gruyère hatte auf einmal Mitleid mit ihm.

»Ich weiß, wo du etwas zu essen bekommen kannst«, sagte sie sanft.

»D-d-du willst mich nur rei-reinlegen«, antwortete er schwach.

Gruyère schüttelte den Kopf und ihr Blick war so ernst, dass Hein-Ole schließlich nickte.

»A-a-also gut. D-d-dann spuck's aus«, sagte er grimmig.

»Bei uns im Innenhof hinter dem Feinkostgeschäft steht ein Müllsack, der mit den herrlichsten Leckereien gefüllt ist«, antwortete Gruyère. »Wenn du jetzt rübergehst, kannst du dich satt essen. Aber beeil dich, denn sonst fressen dir Picandou und Madame Roquefort alles weg.«

Hein-Ole zögerte, aber nur kurz. »Is' klar«, sagte er. »Aber wehe, d-d-das ist ein Trick. Du weißt, m-m-mit mir ist n-n-nicht zu spaßen.« Damit verschwand er wankend durch die Tür.

Gruyère ließ den Kopf auf den Boden sinken. Ihre zusammengebundenen Pfoten schmerzten. Hoffentlich war es kein Riesenfehler gewesen, Hein-Ole ihre ganze Geschichte zu erzählen, dachte sie. Andererseits hatte sie so ein Gefühl, dass es genau das Richtige gewesen war, und meist täuschte ihr Gefühl sie nicht.

Es dauerte eine ganze Weile, bis Hein-Ole zurückkehrte. Er schwankte immer noch, aber diesmal nicht vor Erschöpfung, sondern unter dem Gewicht von Tortenresten, Pastetenkrümeln und Olivenecken. Die ließ er vor Gruyère fallen.

»F-für euch«, stotterte er, sah sie dabei schüchtern von der Seite an und zeigte seinen schiefen Zahn. Es sah sogar beinahe so aus, als ob er lächelte.

»D-das war ein verdammt guter M-Müllsack. Der beste, an dem ich je ge-ge-gespeist habe. Ein Ge-gedicht!«, fuhr Hein-Ole fort. Dann nahm er ihr die Fesseln ab. »D-d-das hier ist für dich und deinen K-K-Kumpel. Aber keine Mätzchen, ka-kapiert?«

Gruyère nickte und rieb sich die steifen Gelenke. »Danke«, sagte sie und griff hungrig nach einem Stück Schokotorte. Und dann erinnerte sie sich an ihre Manieren. »Ich heiße übrigens Gruyère«, sagte sie. »Genau genommen Gruyère-Josephine.«

Hein-Ole verbeugte sich und diesmal lächelte er wirklich. »Eine Dame!«, sagte er. »D-das hatte ich mir schon b-b-beinahe gedacht. S-sehr erfreut. Ich bin Hein-Ole.«

»Ich weiß«, sagte Gruyère. »Und das hier ist Bertram von Backenbart.« Sie deutete auf den Hamster, der jetzt schläfrig blinzelte. Die Essensdüfte hatten ihn geweckt. Er setzte sich ruckartig auf.

»Was ist los? Wo sind wir?«, rief er. Sein Blick fiel auf die Leckereien, dann auf Gruyère, die nicht mehr gefesselt war, und zuletzt auf Hein-Ole. Seine Äuglein verfinsterten sich, als er begriff. Dieser Hein-Ole hatte es tatsächlich geschafft: Er hatte Gruyère zwar von ihren Fesseln befreit, sie aber dafür mit seiner Stotterei eingewickelt. Unglaublich, ein Charmebolzen war diese Ratte nun wahrhaftig nicht. Wie konnte Gruyère nur auf diese billige Masche reinfallen?

»Glaub ihm kein Wort!«, knurrte er.

»Er ist nicht so, wie du denkst«, sagte Gruyère. »Stell dir vor: Helmut hat den Laden angezündet.«

»Helmut? Wer ist überhaupt dieser Helmut, von dem alle reden?«, schnaubte Bertram.

»Die graue Maus«, antwortete Gruyère.

»Na toll! Und du glaubst der Ratte natürlich. Hast du schon vergessen? Die graue Maus … ähm, Helmut hat uns doch vor ihm gewarnt!«

Hein-Ole verschränkte die Arme vor der Brust.

»Aha«, machte er. »Und w-w-was genau hat dieser G-G-Gauner gesagt?«

Bertram schwieg und betrachtete eingehend einen Riss in der Decke.

Gruyère stupste ihn in die Seite. »Hey, es ist alles in Ordnung«, sagte sie. »Ich habe ihm unsere ganze Geschichte erzählt.«

»Du hast *was*?« Bertram starrte sie fassungslos an. »Wie konntest du nur?«

»W-W-Wir haben alle ein ä-ä-ähnliches Sch-Schicksal erlitten«, sagte Hein-Ole und nahm Bertram jetzt die Fesseln ab.

»Was heißt hier ein ähnliches Schicksal?«, fragte Bertram. Er rieb sich die Pfoten und schaute misstrauisch von einem zum anderen. Die beiden wirkten ihm etwas zu vertraut und das gefiel ihm überhaupt nicht. Allerdings stieg ihm der betörende Essensduft in die Nase und der Hunger nagte so gewaltig an ihm, dass er sich erst darum kümmern musste. Also fischte er sich dankbar ein Tomatenstückchen aus dem Essenshaufen.

»Tja, auch so eine Ge-Geschichte mit einer hübschen M-M-Mäusedame«, antwortete Hein-Ole und ließ sich neben Bertram und Gruyère nieder. »Meine hieß F-F-Fräulein Flieder. Ich f-f-fand sie eines Tages im Rinnstein. Eine a-a-ausgesprochen fesche Lady. S-S-Sie hatte ein ver-verletztes Füßchen und war nich' g-g-gut auf die Beine. I-I-Ich nahm sie mit nach Hause und habe sie ge-gesund gepflegt und m-m-meine Pizzakrusten mit ihr geteilt. S-S-Signor Francesco war da immer sehr g-g-großzügig mit seinen Resten. Er hat mir abends sogar manchmal K-K-Käse und Milch hingestellt, da habe ich natürlich gern geteilt. Je-Jedenfalls kümmerte ich mich a-a-also um das hübsche Fräulein Flieder, g-g-gab ihr mein Nachtlager und s-s-sah zu, dass sie alles hatte, was sie brauchte. S-S-Sie war sehr niedlich und s-s-sehr nett und ich dachte, a-a-alles wäre gut. S-S-Sie wollte sogar für immer bei mir bleiben.« Er seufzte leise. »Und ich hab geglaubt, s-s-sie mag mich. A-a-aber eines Nachts geschah es dann. Ich war da oben am Ofen und hab ein paar Pizzareste – für mich und F-F-Fräulein Flieder – besorgt, da spürte ich plötzlich einen harten Schlag auf die Birne.« Hein-Ole deutete auf seinen Kopf. »Ich wurde ohnmächtig, a-a-aber zum Glück nur kurz. Denn plötzlich weckte mich ein starker Schmerz – er durchfuhr meinen g-g-ganzen Körper wie t-t-tausend Nadeln. Ich öffnete also die Klüsen und sah wie Fräulein F-F-Flieder und so eine dunkle Gestalt, eine ziemlich untersetzte, aber kräftige graue

Maus, die ich vorher noch nie gesehen hatte, v-v-versuchten, mich in die Glut zu sch-schieben.«

»Nein!«, rief Bertram entsetzt. »Etwa so ein Typ mit Bürstenschnitt und gegelten Barthaaren?«

»Genau der«, sagte Hein-Ole. »Helmut eben.«

Bertram wiegte den Kopf nachdenklich hin und her. Wer sagte nun die Wahrheit? Helmut oder Hein-Ole?

Hein-Ole stockte. Die Erinnerung an jene Nacht machte ihm zu schaffen. Ein leichtes Zittern ging durch seinen schmalen Körper und sein Stottern verstärkte sich wieder.

»S-S-Sie hatten mich zum P-P-Pizzaofen ge-geschleppt. Ich w-w-wehrte mich also. Fräulein Flieder a-aber und der Kollege wa-waren zusammen v-v-viel stärker als ich. Ich sah auch, d-d-die hatte g-g-gar k-k-keinen verletzten Fuß, d-d-die hatte nur so ge-getan. J-J-jedenfalls, beim K-K-Kampf stieß sie g-g-gegen eine Flasche mit Br-Br-Brennspiritus.« Hein-Oles Blick verfinsterte sich. Er zupfte nervös an seinem angesengten Fell. »D-d-die kippte um und lief aus«, erzählte er leise. »Ihr k-k-könnt euch vielleicht v-v-vorstellen, was dann passierte: Es g-g-gab eine Stichflamme, und d-d-dann f-f-fing alles Feuer – T-T-Tischdecken, Holztische, alles.« Er schüttelte sich, als er an jenen schrecklichen Moment zurückdachte, und schwieg. Der Regen klopfte leise gegen die Fensterpappe.

»Und wie ging es weiter?«, fragte Gruyère sanft.

Hein-Ole seufzte schwer. »Er und F-F-Fräulein Flieder sind sofort abgehauen, wer weiß wohin. Ihn habe ich danach einmal k-kurz gesehen, aber dieses Fräulein F-F-Flieder hat sich seitdem nie wieder hier b-b-blicken lassen.« Er war aufgestanden und begann, auf und ab zu gehen. »M-M-Mich haben sie einfach liegen lassen. D-d-die dachten bestimmt, ich würde hier verbrennen. Dieses P-P-Pack.« Er blieb stehen und hob die Faust. »Aber wie d-d-durch ein Wunder habe ich es geschafft, den F-F-Flammen zu entkommen. Und jetzt w-w-wisst ihr, warum der liebe Signor Francesco seinen L-L-Laden verloren hat. Es war m-m-meine Schuld. Hätte ich diese M-Maus hier nicht aufgenommen, wäre das alles nie p-p-passiert.« Bedrückt starrte er vor sich hin.

»Sag mal«, rief Gruyère, der plötzlich ein Gedanke kam. »Heißt Signor Francesco in Wirklichkeit Horst Schneider und kommt aus Nippes und nicht aus Neapel?«

Hein-Ole sah sie überrascht an. »Stimmt! Aber wo-woher weißt du das? D-das ist sein Ge-Geheimnis, von dem er nie spricht – a-a-außer wenn er mit sich s-s-selber redet. Manchmal hat er auch *Ich bin ene kölsche Jung* gesungen, wenn er hier spät aufräumte.«

»Davon hat Madame Roquefort auch erzählt«, rief Bertram. Er ahnte, worauf Gruyère hinauswollte.

»Und hat Fräulein Flieder vielleicht einen weißen Streifen auf dem Rücken?«, fuhr Gruyère mit blitzenden Augen fort.

Wieder nickte die Ratte und sah sie überrascht an. Und dann sprang er so plötzlich auf, als hätten ihn fünf Hummeln gleichzeitig in den Po gestochen. Er deutete auf das Schaufenster in Richtung Feinkostladen.

»Sie ist es, stimmt's?«, rief er. »Eure Madame Roquefort und Fräulein Flieder sind ein und dieselbe M-M-Maus!« Er schüttelte den Kopf. »Ich h-h-habe es ja schon fast geahnt, als du eure Geschichte erzählt hast, aber ich k-k-konnte und wollte es einfach nicht glauben!«

Bertram lieferte ihm eine möglichst genaue Beschreibung von Madame Roquefort, und Hein-Ole schüttelte dabei immer wieder den Kopf und murmelte: »Sie ist es. K-k-klarer Fall. Sie ist es.«

»Und Helmut ist ihr Komplize, stimmt's?«, fragte Gruyère.

»Ich glaube schon. Als er nach dem Feuer noch einmal h-hier gewesen ist, hat er fast alle Essensreste ge-geklaut. Ich habe ihm natürlich den Weg v-versperrt. Er war überrascht, dass ich ü-überlebt hatte. Damit hatte er nicht gerechnet. Wir haben miteinander ge-gekämpft und dann ist er ge-geflohen. Dabei rief er mir noch zu: ›Ich schwöre, ich mache dich kalt.‹«

»*Mache dich kalt*?«, fragte Bertram entgeistert. »Meinte er etwa …?«

Hein-Ole fuhr sich mit der Pfote über den Hals.

Bertram schluckte. »Verstehe«, murmelte er. Gruyère hatte mit ihrer Befürchtung also recht gehabt.

»Aber wenn das stimmt, was du erzählt hast –«, begann Gruyère.

»Es stimmt!«, unterbrach Hein-Ole sie. »Jedes einzelne Wort. Das schwöre ich beim Grab meiner Großmutter.«

Bertram und Gruyère sahen sich an. Sie ahnten beide, dass das nichts Gutes für Picandou bedeutete.

»Wir müssen zu ihm«, sagte Gruyère. »Und zwar sofort!«

Kapitel 18

Das Schiffhaus

»BlankeneseNeseNeseNese«, verkündete Pomme de Terres Mitfluggelegenheit und setzte zum Sinkflug an. Pomme de Terre schaute hinab auf das Dächermeer, das zwischen Bäumen und Rasenflächen vor ihnen auftauchte. Dieses Blankenese war ja viel größer, als er gedacht hatte. Hier gab es eine ganze Menge Straßen, die in alle Richtungen führten. Wie sollte er hier bloß die Straße von Claus finden? Ganz so einfach, wie er gehofft hatte, war es wohl doch nicht. Die Möwe flog eine paar elegante Schleifen und näherte sich den Baumwipfeln. Aus den Augenwinkeln bemerkte Pomme de Terre ein sehr merkwürdig aussehendes Dach. Es sah aus wie ein umgedrehter Schiffsrumpf. Konnte das etwa …? Er wandte den Kopf, um das Dach etwas genauer zu begutachten.

»Flieg bitte noch einmal zurück«, rief er aufgeregt der Möwe zu. Die Möwe wendete und segelte wieder über das Schiffsrumpfdach. Pomme de Terre sah jetzt, dass sogar der Garten in der Form eines Schiffes angelegt war. Mitten im Garten stand ein riesiger Buchsbaum, der zu einem ovalen Schornstein gestutzt war. Ein Mann in einem Matrosenanzug sprengte gerade die Blumenbeete, die neben der Reling lagen. So einen Garten und so ein Haus gab es bestimmt kein zweites Mal in ganz Blankenese. Das musste Clausens Tante gehören! Damals auf dem Schiff hatte Claus davon erzählt. Seine Tante Lotti hatte ihr Haus und ihren Garten zu einem Schiff umbauen lassen. Selbst die Angestellten und Gärtner liefen in Matrosenanzügen herum, und das alles nur, weil Tante Lotti so vernarrt in die *Traviata* war.

»Hier bitte landen!«, rief Pomme de Terre der Möwe zu und deutete auf die Rasenfläche vor dem Haus. Die Möwe, die nicht ganz verstand, wohin er wollte, landete auf dem Schiffsrumpfdach. Dabei ließ sie Pomme de Terre aus Versehen los und bevor er wusste, wie ihm geschah, rutschte er das steile Dach wie eine Riesenrutsche hinab und landete mit einem metallischen Rumms in der Regenrinne. Zum zweiten Mal an diesem Tag hatte ihm so eine Rinne das Leben gerettet!

Pomme de Terre spähte hinab in den Garten. Die Bäume und Büsche lagen in dunkle Schatten gehüllt, denn die Nacht war inzwischen hereingebrochen. Und dann hörte er sanfte Klänge – jemand spielte Klavier. Die Musik kam aus dem runden Fenster, das direkt unter ihm lag. Pomme de Terre beugte sich vorsichtig über den Rand der Regenrinne und sah, dass das Fenster nur angelehnt war. Es war hell erleuchtet und warf, wie die Fenster daneben, ein warmes

Lichtoval auf den Rasen. Neben den Fenstern wuchs Efeu, der fast bis zur Regenrinne hinaufreichte. Das Haus war ziemlich groß und Pomme de Terre überlegte, wie er hier wohl Claus finden sollte.

»Hey, Kinners«, rief er den Möwen zu. »Bin bald wieder da!«

»IsKlarIsKlar«, riefen zwei Möwen zurück. Nur MeineMahlzeit beäugte ihn misstrauisch und überlegte, ob ihr Abendbrot sich gerade auf und davon machte.

Vorsichtig ließ Pomme de Terre sich hinab und hangelte sich dann am Efeu entlang bis zum Fenstersims. Hinter dem Fenster lag ein großer Raum, der Pomme de Terre an den Kaisersaal auf der *Traviata* erinnerte. Darin saßen viele Menschen in Abendkleidung und schauten zu einem Flügel am anderen Ende des Saals. Tante Lotti spielte mit geschlossenen Augen darauf und wiegte dabei den Kopf andächtig hin und her. Zwischendurch öffnete sie kurz die Augen, um Claus, der neben ihr stand, damit anzudeuten, dass er die Seite des Notenbuches umblättern sollte. Claus trug an diesem Abend auch einen Matrosenanzug, genau wie damals auf dem Schiff.

Pomme de Terre pfiff leise durch die Zähne. »Wat 'n dicken Jonny!«, murmelte er, während er durch das Fenster spähte. Er konnte sein Glück kaum fassen. Er hatte wirklich nicht damit gerechnet, das Menschenkind so schnell zu finden. Nun musste er nur noch Clausens Aufmerksamkeit auf sich ziehen, ohne dass die anderen Gäste etwas davon mitbekamen. Er schlüpfte vorsichtig durch den Spalt auf das Fensterbrett und hielt die Luft an. Was, wenn sich einer der Gäste umdrehte? Schnell huschte er auf Krallenspitzen hinüber zur Gardine und kletterte daran hinunter. Niemand hatte ihn gesehen, und nun sprang er zwischen Stuhlbeinen, polierten Schuhen und langen Abendkleidern unbemerkt hin und her, bis er die vorderste Reihe erreichte. Neben einem rosa Abendkleid, das mit Rosen und Rüschen verziert war, blieb er stehen und winkte Claus zu. Doch Claus schaute nicht in seine Richtung. Der achtete nur auf Tante Lotti und darauf, wann sie ihm das nächste Zeichen gab, die

Seite umzublättern. Pomme de Terre fuchtelte immer wilder mit den Armen und sprang hin und her – aber es war zwecklos.

Gerade überlegte er, wie er Clausens Aufmerksamkeit bloß auf sich ziehen konnte, als das Stück zu Ende war. Tante Lotti stand auf und nahm Claus an der Hand. Beide verneigten sich unter dem tosenden Applaus des Publikums. Pomme de Terre ahnte, was das bedeutete: Gleich würden alle, auch Claus, den Saal verlassen und dann würde er ihn in diesem großen Haus wieder verlieren. Er musste ihn unbedingt vorher abfangen!

Deswegen flitzte er, so schnell er konnte, hinüber zum Klavier, sprang auf Clausens Schuh und zupfte an dessen Hosenbein. Claus schaute überrascht nach unten, und in dem Moment, als er Pomme de Terre erkannte, gellte ein Schrei durch den Saal.

»Mäuse!«, kreischte die Dame im rosa Abendkleid. Sie war aufgesprungen und deutete auf Clausens Schuh. Ihr fülliger Körper bebte vor Aufregung.

Blitzschnell schlüpfte Pomme de Terre in Clausens Hosenbein und hielt sich an seinem Socken fest.

Claus spürte das Kitzeln der Krällchen und versuchte, nicht zu lachen. Er schaute die Dame mit gespielter Überraschung an. »Wo denn?«, fragte er.

»Auf deinem Schuh«, schrie die Dame.

Claus betrachtete gründlich seinen Schuh und sah dann wieder die Frau an. »Da ist aber nichts«, sagte er, ohne mit der Wimper zu zucken.

Tante Lotti verstand nicht, was los war, und blickte verwirrt zwischen der Frau im rosa Kleid und ihrem Neffen hin und her.

Ein Raunen ging durch den Raum. Immer wieder war das Wort »Maus« zu hören, dann scharrten Stühle und einige Gäste erhoben sich aufgeregt und strebten schnurstracks auf den Ausgang zu. Es sah ganz so aus, als hätte nicht nur die Dame in Rosa Angst vor Mäusen.

»Großtante Agathe, hast du wirklich eine Maus gesehen?«, fragte Tante Lotti die Dame.

»Und ob!«, rief die Großtante völlig aufgelöst und schlug die Hände über ihrem gewaltigen Busen zusammen.

Tante Lotti sah Claus fragend an, aber der schüttelte nur den Kopf: »Da war nichts«, murmelte er.

Tante Lotti nickte. »Ich hab auch nichts gesehen.« Sie klatschte laut und bat um Ruhe. »Hier gibt es keine Maus oder Mäuse«, sagte sie. »Und wer hier trotzdem eine Maus finden sollte, bekommt von mir fünfhundert Mäuse … äh, ich meine fünfhundert Euro in bar.«

Das wirkte. Sofort strömten einige Gäste wieder in den Raum zurück und begannen unter den Stühlen und in den Ecken zu suchen. Aber niemand konnte eine Maus entdecken.

»Sag ich doch«, flüsterte Claus seiner Tante zu. »Die Großtante – na ja, du kennst sie ja.«

»Ja, leider. So was Ärgerliches aber auch. Jetzt ist der schöne Abend ruiniert«, seufzte Tante Lotti. »Und das nur, weil sie immer so übertreiben muss.«

Claus hatte es auf einmal eilig. »Bin gleich wieder da«, sagte er. Als Tante Lotti ihn fragend anschaute, brummelte er etwas von »Klo« und »sehr dringend«, bevor er in Richtung Flur hastete.

Nachdem er die Tür des Badezimmers verriegelt hatte, lupfte Claus sein Hosenbein. Pomme de Terre, der sich während Clausens Abgang verzweifelt festgeklammert hatte, zog mühsam die Krallenspitzen aus der Socke und trippelte zur Schuhspitze. Claus hob ihn behutsam auf seine Hand.

»Na, mein kleiner Freund«, flüsterte er. »Was machst du denn hier? Und wo sind die anderen?«

Pomme de Terre schaute sich suchend um. In einer Ecke neben der Toilette stand ein Korb mit Zeitschriften, die Tante Lotti dort deponiert hatte. Pomme de Terre deutete darauf. Claus nahm die oberste Zeitschrift aus dem Korb und legte sie auf den Boden. Dann setzte er die braune Maus vorsichtig daneben ab. Er erinnerte sich noch, dass nicht nur der Hamster, sondern auch die kleine braune Maus lesen konnte. Er blätterte die erste Seite auf und wartete gespannt. Und siehe da, die Maus lief über das Papier und studierte angestrengt die erste Zeile. Es dauerte eine ganze Weile, bis sie alle Wörter entziffert hatte. Dann rutschte sie auf die nächste Zeile.

Claus, der neben ihr kniete, schaute neugierig auf den Artikel. Es ging um eine Prinzessin, die mal wieder Ärger mit ihrem fünften Ehemann hatte. Ziemlich langweilig, dachte Claus. Ob die Maus da wohl brauchbare Wörter finden würde? Claus wollte gerade umblättern, da deutete die Maus mit ihrem Degen auf ein Wort. Claus las: »Allein.« Er schaute Pomme de Terre an. »Heißt das, du bist also allein hier?«

Die kleine braune Maus nickte. Sie deutete auf Claus. »Ich?«, fragte Claus.

Pomme de Terre nickte wieder, dann suchte er das nächste Wort. Er brauchte diesmal noch länger, bis er es fand. Schließlich tippte er mit dem Degen darauf.

»Kommt«, las Claus. »Ich, kommt.« Er dachte kurz nach. »Du meinst, ich soll kommen?«

Pomme de Terre nickte so eifrig, dass seine Ohren hin und her wackelten. Das klappte ja ziemlich gut. Das nächste Wort war allerdings schwierig. Das schien es in dem Artikel nicht zu geben. Er machte mit seinem Degen einen Halbkreis von rechts nach links.

»Du willst, dass ich umblättere?«

Pomme de Terre nickte wieder.

Es klopfte an der Tür.

»Besetzt!«, rief Claus.

Vor der Tür murrte eine Stimme ungehalten: »Das dauert aber sehr lange!« Es war ausgerechnet Großtante Agathe. Das fehlte jetzt noch!

Claus blätterte um und Pomme de Terre sprang wieder von Zeile zu Zeile. Endlich fand er, wonach er suchte. Triumphierend tippte er auf das Wort.

»Geschäft!«, las Claus und sah ihn überrascht an.

»Geschäft?«, rief Tante Agathe hinter der Tür. »Du machst ein Geschäft, Claus?«

»Ähm, ja«, rief Claus zurück.

»Dann beeil dich, Junge«, sagte die Großtante entnervt. »Hier warten schon drei Leute.«

»Bin gleich so weit«, antwortete Claus. Dann flüsterte er der Maus zu: »Ich soll ins Geschäft kommen?«

Pomme de Terre hüpfte aufgeregt auf und ab: Ja!

Diesmal steckte Claus ihn in die Tasche seines Matrosenanzuges und dann öffnete er die Tür. Großtante Agathe und zwei weitere Damen bedachten ihn mit missbilligenden Blicken.

»Ich dachte schon, du schlägst da drinnen Wurzeln«, knurrte die Großtante und ihr Doppelkinn wackelte. »Hoffentlich hast du gelüftet.«

Claus quetschte sich an ihr vorbei. »Ähm, ja …'tschuldigung«, murmelte er. Dann ging er hinauf in sein Zimmer. Es war wie eine Schiffskabine eingerichtet, mit einer Koje als Bett und einem Bullauge als Fenster. Sogar die Gardinen waren mit kleinen Ankern gemustert. Claus holte noch ein paar Bücher aus dem Schiffsregal und legte sie vor der Maus auf sein Bett. Eines der Bücher war ein Bilderlexikon und damit ging die Verständigung etwas flotter. Pomme de Terre hüpfte von Buch zu Buch und von Wort zu Wort und sein Degen flog von links nach rechts und von oben nach unten. So erfuhr Claus, dass Picandou, der graue Mäuserich, die anderen nicht mehr haben wollte, weil er sich »beliebt« hatte. Das Wort »verliebt« war nirgends in Clausens Büchern zu finden, also nahm Pomme de Terre einfach eines, das relativ ähnlich aussah.

Dafür aber würden er selbst, der Hamster und die weiße Ratte zu Claus ziehen. Claus und er müssten die anderen beiden nur in der Deichstraße abholen. Der Plan gefiel Claus außerordentlich gut, schließlich wollte er die Muskeltiere schon lange bei sich haben. Jetzt musste er nur noch überlegen, wie er am besten zur Deichstraße kam, denn die war ziemlich weit von Blankenese entfernt. Außerdem würde Tante Lotti nie erlauben, dass er so spät abends noch allein unterwegs war.

Kapitel 19

Reise in die Nacht

Als Tante Lotti ins Zimmer kam, um Claus so wie jeden Abend Gute Nacht zu sagen, lag er bereits im Bett, hatte die Decke bis zu den Ohren hochgezogen und die Augen geschlossen. Sie beugte sich über ihn und strich ihm über den Kopf.

»Schlaf gut, mein Junge«, sagte sie.

»Du auch.« Claus öffnete schläfrig ein Auge.

Tante Lotti setzte sich auf die Bettkante. »Das war ja eine ganz schöne Aufregung heute Abend«, sagte sie. »Großtante Agathe lade ich so schnell nicht wieder ein.«

»Gute Idee«, murmelte Claus und schloss wieder die Augen. Er gähnte ausgiebig und hoffte, dass Tante Lotti den Wink verstehen würde. Doch seine Tante war in Plauderlaune.

»Unglaublich, dass sie wirklich gedacht hat, wir hätten Mäuse. Sonst noch was? Ich frage mich, wie sie darauf kommt.« Sie schnaubte.

Claus antwortete nicht. Er kniff die Augen zu und tat so, als würde er schlafen.

Tante Lotti seufzte leise, stand auf und schlich auf Zehenspitzen aus dem Zimmer.

Als sie weg war, lauschten Claus und Pomme de Terre auf die Geräusche im Flur. Sie hörten, wie die Badezimmertür sich öffnete und schloss und wie sie sich nach einer Weile wieder öffnete. Kurz darauf wurde Tante Lottis Zimmertür geschlossen. Claus wartete noch zehn Minuten, dann schlug er die Bettdecke zurück. Er war in Jeans und T-Shirt gekleidet. Pomme de Terre, dem unter der Decke ganz heiß geworden war, schüttelte sich und wischte sich mit der Pfote den Schweiß von der Stirn. Claus nahm seine Turnschuhe und sein Bilderlexikon in die eine Hand und ließ Pomme de Terre auf die andere Hand klettern, dann schlich er leise aus dem Zimmer. Zum Glück war der Boden mit dicken Teppichen ausgelegt, die jedes Geräusch verschluckten. Claus stahl sich in der Dunkelheit die breite Treppe hinab, zog flink seine Schuhe an und öffnete leise die Haustür.

Der Mond stand hoch am Himmel und beleuchtete den Gartenweg. Es roch nach feuchter Erde und Buschwerk. Claus fummelte in seiner Jackentasche nach Kleingeld und fand dabei sogar einen alten Keks. Er zählte die Münzen. Sie sollten für Hin- und Rückfahrt reichen. Den alten Keks legte er neben Pomme de Terre auf seine ausgestreckte Hand. Die braune Maus knabberte dankbar daran.

Langsam zog Claus die Haustür zu, sodass sie mit einem kaum hörbaren Klick ins Schloss fiel. Der Kies knirschte unter seinen Sohlen. Vorsichtig schlich er hinüber zum Rasenstreifen, der neben dem Weg zum Tor führte. Tante Lotti schlief bei geöffnetem Fenster und hatte Ohren wie ein Luchs. Aber im Haus rührte sich zum Glück nichts.

Der Toröffner war hinter einem Busch verborgen. Claus tastete danach und drückte auf den Knopf. Langsam öffnete sich das Gartentor und schloss sich genauso langsam und lautlos hinter ihm. Claus atmete einmal tief durch und grinste der kleinen Maus zu. Pomme de Terre hob anerkennend seinen Degen. Die erste Etappe war schon mal geschafft.

Die Straßen waren menschenleer und der Mond schimmerte hier und da zwischen den Bäumen hindurch. Man sah sein Spiegelbild im Fluß, weiter unten am Fuße des Berges zwischen den Baumwipfeln, das in tausend Scherben zerbrach, als ein Containerschiff vorbeiglitt.

Claus lief die Straße zur Bushaltestelle hinauf. Er hatte Glück, denn es war die Endhaltestelle und ein Bus mit erleuchteten Fenstern wartete bereits dort. Bevor sie den Bus betraten, flüsterte Claus: »Ich verstecke dich jetzt in meiner Jackentasche. Damit dich niemand sieht.«

Pomme de Terre nickte und Claus ließ ihn behutsam in seine Tasche gleiten. Sie war nicht sehr tief und wenn der Mäuserich den Hals weit genug reckte, konnte er sogar bequem hinauslugen. Der Fahrer, der in eine Zeitung vertieft war, ließ sie kurz sinken, als Claus ihm das Geld hinlegte und fragte, wie er denn am besten zur Deichstraße käme. Der Mann musterte den Jungen neugierig.

»Is so ’n Ausflug in die Stadt nich’ ein büschen spät für so ’nen kleenen Hosenpieper wie dich?«, fragte er.

»Es … es ist es ein Notfall«, log Claus. »Ich … ich muss nach Hause und meine Eltern können mich nicht abholen.«

Pomme de Terre hielt den Atem an. Doch der Fahrer bohrte zu seiner Erleichterung nicht nach, sondern erklärte Claus, an welcher S-Bahn-Station er aussteigen müsse. Ein anderer Fahrgast, eine junge Frau mit blauen Haaren, bot Claus an, ihn zu begleiten, und so erreichten sie eine halbe Stunde später die S-Bahn-Station Stadthausbrücke. Von hier aus war es nicht mehr weit bis zur Deichstraße.

Es regnete und im Scheinwerferlicht eines vorbeifahrenden Autos sah man die vielen Tropfen. Die Speicherstadt auf der anderen Seite des Wassers lag in tiefer Dunkelheit und das Licht der Laternen schimmerte matt auf den Pflastersteinen. Bis auf den Regen, der leise in den Bäumen rauschte, war es so still, dass man nur Clausens Schritte hörte. In der Deichstraße steckte Pomme de Terre die Nase ganz aus der Tasche und sah sich in alle Richtungen um. Er wollte Gruyère und Bertram auf keinen Fall verpassen. Vielleicht warteten sie ja schon an irgendeiner Ecke auf ihn. Doch die zwei waren nirgends zu sehen.

Als sie das Feinkostgeschäft erreichten, setzte Claus den Mäuserich vorsichtig auf dem Bürgersteig ab und hockte sich daneben.

Er sah ihn erwartungsvoll an. »Und wo sind nun deine Freunde?«, fragte er.

Pomme de Terre deutete auf das Tor, das zum Hof führte, und schnupperte die Nachtluft. Er roch den Müllsack und dann fiel ihm siedend heiß ein, dass er ganz vergessen hatte, den Möwen Bescheid zu sagen. Die saßen wahrscheinlich noch immer auf dem Dach und warteten ungeduldig auf ihn. Aber darum würde er sich später kümmern, erst einmal musste er Gruyère und Bertram finden.

Er hob die Pfote als Zeichen, dass Claus auf ihn warten sollte, dann trippelte er durch die Toreinfahrt und ließ den Blick aufmerksam durch den Innenhof schweifen. Auf keinen Fall wollte er Picandou und Madame Roquefort begegnen.

Der Duft des Müllsacks war betörend und sein Herz hüpfte wie beim Wiedersehen mit einem alten Freund. Der Keks, den Claus ihm angeboten hatte, war leider etwas zu trocken gewesen. Ein kleiner Imbiss würde bestimmt nicht lange dauern, dachte Pomme de Terre und kletterte leichtfüßig hinauf. Doch was für ein Schock – der Müllsack war leer! Enttäuscht grub er sich durch leere Pappschachteln, Dosen und Becher, aber es gab nichts mehr zu holen.

»Scheibenkleister«, murmelte Pomme de Terre. Wahrscheinlich waren Picandou und Madame Roquefort bereits hier gewesen – oder aber Gruyère und Bertram. Falls es die Ratte und der Hamster gewesen waren, wo waren sie jetzt? Pomme de Terre wollte gerade wieder aus dem Müllsack klettern, als zwei kräftige graue Mäusearme hinter einem Milchkarton hervorschossen und ihn packten.

»Picandou?«, rief Pomme de Terre überrascht.

»Nee, nee, deinen Kumpel gibt's nicht mehr, Gummibärchen«, knurrte eine fremde Stimme. Die Maus lachte gehässig. »Der sitzt jetzt im Mäuseparadies.«

Pomme de Terre erschrak. Hatte er sich da vielleicht verhört? »Im Mäuseparadies? Wat schnackst du da?« Er drehte den Kopf so weit wie möglich nach hinten zu seinem Angreifer und schaute in ein Paar Äuglein, die wie Apfelkerne glitzerten. Der Angreifer hielt ihn so fest wie in einem Schraubstock, sodass er sich nicht bewegen konnte. Pomme de Terre bemerkte, dass seine Barthaare stark gegelt waren und er ein Goldkettchen um den Hals trug. Er wollte gerade protestieren, als er noch eine Stimme hörte, die ihm sehr bekannt vorkam.

»Gut gemacht«, lobte die Mäusedame den Fremden. »Um den kümmern wir uns am besten auch gleich.«

Kapitel 20

Claus weiß Rat

Der Regen hatte inzwischen aufgehört. Hein-Ole war als Erster durch die angeknickte Pappecke ins Freie gekrochen. Er hatte die Deichstraße hinauf- und hinabgespäht und wollte gerade »Die Luft ist rein!« rufen, als er die Gestalt entdeckte, die reglos im Schatten vor dem Feinkostgeschäft stand. Er schlüpfte sofort wieder zurück durch das Loch.

»Zu d-d-dumm auch«, knurrte er. »Ausgerechnet vor eurem Laden steht ein Mensch. Da müssen wir uns leider noch ’n büschen ge-gedulden.«

Bertram und Gruyère, die drinnen auf ihn warteten, sahen ihn überrascht an.

»Ein Mensch? Vielleicht die kleinere Sorte?«

»Kann sein. Sch-scheint nich' ausgewachsen zu sein«, antwortete Hein-Ole.

»Lass sehen!« Bertram schob ihn zur Seite. »Nein!«, rief er begeistert. »Das ist ja großartig! Kommt, Leute!«

Nun steckte auch Gruyère die Nase durch die Pappecke und ein Lächeln erschien auf ihrem Gesicht.

Hein-Ole verstand nur Bahnhof.

»Claus ist da!«, jubelte der Hamster.

»Claus?! Der Mensch da?« Hein-Ole sah ihn ungläubig an. »W-w-was habt ihr mit einem Menschen zu schaffen?«

»Nicht irgendein Mensch«, erklärte Gruyère. »Claus ist ein ganz besonderes Menschenkind und er ist unser Freund. Er will uns helfen, und dass er hier ist, bedeutet, dass Pomme de Terre ihn gefunden hat. Sie wollen uns abholen.«

Hein-Ole war vollends verwirrt. Dass die beiden mit einem Menschen anbandelten, gefiel ihm überhaupt nicht. Er hätte es nie gewagt, sich vor Horst zu zeigen, egal wie viele Pizzakrusten der für ihn herumliegen ließ. Das tat man einfach nicht. Da gab es schließlich gewisse Regeln!

»Ich dachte, wir sollen euren Freund vor Fräulein Flieder retten?«, sagte er etwas missmutig.

»Das sowieso«, antwortete Bertram.

Er war bereits auf die Straße gekrochen und lief nun hinüber zu dem Menschenjungen. »Claus kann uns bestimmt dabei helfen«, rief er über die Schulter. Gruyère war ihm gefolgt und Hein-Ole trottete als Letzter hinterher und hielt sich lieber in den Schatten.

Claus hatte schon eine ganze Weile auf Pomme de Terre gewartet. Erst war er geduldig vor dem Laden stehen geblieben, aber nach einer Weile war ihm das Warten zu dumm geworden. Er war zum Tor geschlichen, das in den Innenhof führte, und hatte hineingespäht. Das Mondlicht schien matt auf die Blumentöpfe und den Müllsack, doch Pomme de Terre war nirgends zu sehen.

»Hallo!«, rief Claus leise. »Wo bist du?« Aber nichts bewegte sich und die kleine braune Maus kam ihm auch nicht entgegengetrippelt. Vielleicht war sie im Haus verschwunden, überlegte Claus, und ging noch einmal hinüber zum Laden. Er beschirmte die Augen mit den Händen und versuchte, durch die Fenster zu schauen, aber hinter den Scheiben war es so dunkel, dass er kaum etwas erkennen konnte. Er fröstelte und auf einmal fühlte er sich gar nicht mehr so mutig wie am Anfang des Abends, als er mit der braunen Maus aufgebrochen war. Vielleicht war das Ganze ja doch keine so tolle Idee gewesen.

Plötzlich wuselte ein kleiner goldbrauner Flaumball auf ihn zu, dicht gefolgt von der weißen Ratte. Claus erkannte die beiden sofort.

Erleichtert kniete er sich zu ihnen auf das Pflaster. Der Hamster begrüßte Claus mit einer kleinen Verbeugung und schaute fragend zu ihm hinauf. Claus legte das Lexikon, das er noch unter dem Arm trug, auf den Boden. Bertram verzog das Gesicht und sah Claus wieder fordernd an. Claus verstand erst nicht und schüttelte den Kopf. Der Hamster machte eine kleine Bewegung mit der Pfote, als würde er etwas schreiben. Jetzt dämmerte Claus, was er meinte. Aber an Papier und Stift hatte er diesmal nicht gedacht. »Oje«, sagte er und tastete seine Taschen ab. Dann entdeckte er zum Glück das kleine Tintenfass in seiner Brusttasche. Er hatte es bei seinem letzten Besuch im Laden dort verstaut und dann vergessen, es herauszunehmen.

Er schraubte den Deckel ab und stellte es vor Bertram auf den Boden. Dann blätterte er im Bilderlexikon. Die Innenseite des Einbands war weiß. Er schob dem Hamster das aufgeschlagene Buch hin und der tauchte seine Kralle in die Tinte und begann eifrig zu schreiben. Claus las:

wo iS PoMde teR?

Er sah die beiden an. »Du meinst die braune Maus?«

Beide nickten.

»Ich weiß es nicht«, sagte Claus. »Er ist dahinten verschwunden.« Er deutete auf das Tor. »Seitdem habe ich ihn nicht mehr gesehen.«

Der Hamster beugte sich wieder über das Buch und schrieb emsig weiter.

piKandu – grau Maus iSt in geFar

Claus sah ihn erschrocken an. »Und die braune Maus ist schon ganz schön lange weg. Ich hoffe, den beiden ist nichts passiert!«

Hein-Ole, der den Jungen aus sicherer Entfernung beobachtete, hatte alles mitgehört. Nun trat er aus dem Schatten der Laterne und rief Gruyère und Bertram zu: »Wir sollten keine Zeit verlieren! Gehen wir lieber rüber und schauen nach.«

Bertram nickte ernst und wischte sich die Tinte von der Kralle ab. »Alles klar.« Er zückte seinen Degen und auch Gruyère nahm ihren in die Pfote.

Claus verstand nicht, was los war. »Was ist denn?«

Bertram legte den Degen beiseite und tauchte erneut die Kralle in die Tinte.

FreuND

Er zeigte auf Hein-Ole.

wiR gen in DeN hoF

»Ich komme mit«, sagte Claus.

Bertram zögerte.

»Lass ihn«, sagte Hein-Ole. »Er ist ein Mensch und er ist groß. Das sollte die zwei erschrecken, falls sie uns dort auflauern.«

Zu viert schlichen sie in den Hof. Bertram und Gruyère hatten ihre Degen gezückt und Hein-Ole hielt einen Stock in der Pfote. Claus folgte als Letzter. Der Mond schimmerte auf den Pflastersteinen und erleuchtete die Wand, an der der Blumentopf mit den Geranien stand. Direkt daneben lag das Abflussrohr. Das Sieb war beiseitegeschoben.

Da die Muskeltiere Pomme de Terre im Hof nirgends entdecken konnten, schlug Bertram vor, durch das Rohr in den Keller zu klettern. Vielleicht war er ja dort. Nacheinander schlüpften die drei in den Abfluss. Claus hockte sich davor und wartete.

Es dauerte nicht lange, da kehrten sie auch schon wieder zurück. Alle wirkten sehr niedergeschlagen.

»Ist etwas passiert?«, flüsterte Claus erschrocken.

Bertram deutete auf das Buch, das der Junge auf dem Schoß hielt. Claus legte es ihm wieder hin und nahm den Deckel vom Tintenfass. Kurz darauf las er leise vor:

Böse Mäuse habn Loch verstoft

Er sah die drei fragend an. »Du meinst, deswegen kommt ihr nicht in den Keller?«

Die Nager nickten bedrückt. Madame Roquefort hatte das Abflussrohr am Waschbecken sehr gründlich mit allerlei Unrat zugestopft und das Ganze dann von innen beschwert. Vergeblich hatten die Muskeltiere und Hein-Ole versucht, den Pfropfen zu lösen. Ratlos breitete der Hamster die Pfoten aus.

Claus betrachtete die drei. Wieso diese hässliche, gefleckte Ratte jetzt dazugehörte, war ihm ein Rätsel. Hoffentlich sollte er die nicht auch noch mit nach Blankenese nehmen. Tante Lotti würde ausflippen. Es würde schon schwierig genug werden, die Maus und die weiße Ratte zu Hause zu verstecken … Aber die gefleckte Ratte schien auch ein Freund zu sein. Gut, über dieses Problem würde er später nachdenken, beschloss Claus.

Sein Blick fiel auf den Blumentopf und in diesem Moment kam ihm ein Gedanke: »Ich weiß, wie ihr in den Keller kommt!«, rief er.

Kapitel 21

Eine ziemlich dunkle Angelegenheit

Claus hob vorsichtig den Blumentopf an. Bertram, Hein-Ole und Gruyère beobachteten ihn gebannt, aber auch etwas verwirrt. Wie sollte ihnen der Geranientopf helfen?

»Da!«, rief Claus triumphierend. Er hatte den Blumentopf zur Seite gestellt und deutete auf den Untersetzer. Etwas glänzte dort silbern im Mondlicht – ein Schlüssel.

»Frau Fröhlichs Geheimversteck«, flüsterte Claus. »Ich war einmal dabei, als sie ihren Ladenschlüssel vergessen hatte und mit dem hier aufgesperrt hat. Und genau das machen wir jetzt auch.«

Er lächelte ihnen zu und die drei lächelten zurück. Claus fiel auf, dass die merkwürdige Ratte einen außergewöhnlich langen und schiefen Vorderzahn hatte. Sie sah damit ziemlich albern aus.

Gefolgt von den drei Nagern ging er zur Ladentür und schloss auf. Nacheinander betraten sie den dunklen Raum und schlichen dann leise hinüber zur Kellertür. Bertram zupfte aufgeregt an Clausens Hosenbein und fuchtelte mit dem Degen. Claus schaute zu ihm hinab. Betram und Gruyère legten fast gleichzeitig eine Kralle vor die Schnauze und Claus kapierte sofort, was sie meinten. Langsam, sehr, sehr langsam öffnete er die Kellertür. Die Tiere huschten an ihm vorbei und wieder zupfte Bertram Claus am Hosenbein. Mit erhobener Pfote gab er ihm zu verstehen, dass er hierbleiben sollte. Claus nickte und setzte sich auf die oberste Stufe. Die zwei Ratten und der Hamster hangelten sich leise von Stufe zu Stufe hinab.

Unten angekommen blieben sie stehen und lauschten. Aus der Höhle drangen leise Stimmen – die eine erkannten sie sofort.

»Fräulein Flieder!«, flüsterte Hein-Ole.

»Madame Roquefort!«, flüsterten Bertram und Gruyère.

Die Stimmen in der Höhle verstummten augenblicklich.

»Hast du das gehört?«, fragte Madame Roquefort, auch bekannt als Fräulein Flieder.

»Soll ich nachschauen?«, fragte die Stimme der grauen Maus namens Helmut.

Hein-Ole und die zwei Muskeltiere drückten sich erschrocken gegen die Treppenwand und hielten die Luft an. Falls der graue Mäuserich zur Höhle herausschaute, würde er sie entdecken.

»Ach, wer soll da schon sein?«, rief Madame vergnügt. »Der Abfluss ist bombensicher und die weiße Ratte ist wahrscheinlich schon in der Mausefalle vertrocknet.«

»Hast du weiße Ratte gesagt, Püppi?« Helmut stutzte.

»Ja«, kicherte Madame Roquefort. »Stell dir vor, die hat sich doch tatsächlich in diesen Fettwanst verguckt.«

»Komisch, hier scheint's ja von weißen Ratten zu wimmeln«, brummte Helmut. »Ich bin gestern auch einer begegnet. Sie war mit so 'nem schrägen Vogel unterwegs – 'ne Ratte mit toupierter Fellfrisur und 'nem Schnurrbart … so was hast du noch nie gesehen. Da lachst du dich kaputt. Sah voll albern aus!«

Bertram wurde rot und ballte zornig die Fäuste. Dem würde er schon zeigen, wer hier albern aussah! Sein Schnurrbart war sein ganzer Stolz, darauf ließ er nichts kommen.

Plötzlich bemerkten sie eine Bewegung über sich und schauten hoch. Claus lehnte am Geländer und ruderte wild mit den Armen.

Als er sah, dass sie ihn bemerkt hatten, deutete er heftig hinüber zu Frau Fröhlichs Schreibtisch, der neben dem Waschbecken im Keller stand. Die drei Nager folgten seinem Blick. Der Schreibtisch war wie immer nicht besonders ordentlich. Überall stapelten sich Rechnungen und Umschläge. Für Papierkram hatte Frau Fröhlich nie besonders viel übriggehabt. Aber warum war Claus deswegen so aufgeregt? Verwirrt sahen die Muskeltiere ihn an.

Claus, der seine Schuhe ausgezogen hatte, schlich eine Stufe tiefer und deutete immer noch verzweifelt zum Schreibtisch. Sein Gesicht war rot angelaufen und er bewegte lautlos die Lippen. Und dann begriffen sie, dass er nicht auf, sondern unter den Schreibtisch zeigte, und zwar in eine Ecke neben dem Papierkorb. Sie reckten die Hälse und spähten angestrengt hinüber. Claus winkte hektisch mit den Händen und deutete in die Ecke.

Gruyère begriff als Erste, was er meinte, und trippelte auf den Papierkorb zu. Die anderen folgten zögerlich, und dann sahen sie, dass sich etwas hinter dem Papierkorb ganz leicht zu bewegen schien. Als sie das verschnürte Päckchen erkannten, stockte ihnen der Atem. Es war Pomme de Terre. Seine vier Pfoten waren mit seiner Degenhalterung fest zusammengezurrt und um seine Schnauze war die Briefmarke der *Traviata* geklebt. Als er seine Freunde entdeckte, fing er an, heftig hin und her zu schaukeln. In wenigen Sätzen waren Gruyère und Bertram bei ihm – und dann bekamen beide einen noch größeren Schreck. Neben Pomme de Terre lag ein regloser Picandou. Sein Näschen war blau angelaufen und er schien nicht mehr zu atmen. Auch er war mit seiner Degenhalterung gefesselt.

Mit seinen scharfen Vorderzähnen nagte Bertram die Fesseln durch, während Gruyère und Hein-Ole die beiden auswickelten.

Blitzschnell hatten sie ihre Freunde befreit. Pomme de Terre setzte sich langsam auf und rieb sich die Pfoten. Alle starrten sie auf den leblosen Picandou.

Gruyères Herz schlug bis zum Hals. »Ist er … tot?«, flüsterte sie benommen.

Pomme de Terre mied ihren Blick. »Sie haben ihm einen Giftköder in den Hals gestopft«, antwortete er zögerlich. »Ich habe gehört, wie sie damit geprahlt haben.«

»Oh nein!« Bertrams Schnurrbart zitterte. »Picandou …«

Gruyère fing an zu schluchzen.

»Pssst!«, machte Hein-Ole und drängte sich an ihnen vorbei. »H-h-hochheben!«, befahl er den beiden. »Los, macht schon!«

Gruyère und Bertram gehorchten zögerlich und hievten den leblosen Picandou hoch.

»Und jetzt vornüberlehnen und festhalten!«

Die beiden taten, was er sagte. Und dann versetzte Hein-Ole

Picandou einen so kräftigen Schlag auf den Rücken, dass der Mäuserich den beiden anderen fast aus den Pfoten gerutscht wäre. Ein Stück Käse flog in hohem Bogen aus seinem Mund.

»Der Köder!«, flüsterte Pomme de Terre.

Hein-Ole schlug dem Mäuserich erneut auf den Rücken, dann verpasste er ihm eine leichte Ohrfeige. Picandous Nasenspitze zitterte plötzlich und ganz, ganz langsam hob er den Kopf und öffnete die Augen. Er blinzelte benommen in die Runde und sah sich verwirrt um.

Gruyère blinzelte ebenfalls. Tränen der Erleichterung rannen ihr über die Wangen.

»Wo … wo bin ich?«, stammelte Picandou. »Was ist hier los?« Dann fiel sein Blick auf Hein-Ole. »Warum haben Sie mich geschlagen? Und wer sind Sie überhaupt?«

»Schhhh!«, machten vier Nager gleichzeitig. Pomme de Terre deutete warnend hinüber zum Höhleneingang unter der Treppe. Und dann entdeckte Picandou das Menschenkind, das ihm von der Treppe aus glücklich zuwinkte.

Auf einmal begann er sich zu erinnern. Und als er die Tränen in Gruyères Augen sah, wurden seine Augen auf einmal auch ganz feucht. Er nahm ihre Pfote in die seine und drückte sie. »Ich war der größte Idiot auf der Welt«, flüsterte er. »Ich habe viel zu spät gemerkt, was ich da angestellt habe. Ich weiß, das wirst du mir nie verzeihen.«

»Ach, Picandou«, flüsterte Gruyère und drückte seine Pfote ebenfalls.

Hein-Ole warf den beiden einen strengen Blick zu. »Ge-genug der Gefühlsduselei. Jetzt b-b-bringen wir erst mal die zwei Ha-Halunken zur Strecke.«

»Und wie sollen wir das machen?«, fragte Picandou, der noch immer ein bisschen benommen war.

»D-damit.« Hein-Ole deutete auf die Degenhalterung.

»Er kann damit verdammt gut umgehen«, sagte Gruyère, »und seine Seemannsknoten sind eine echte Wucht.«

Hein-Ole errötete. »Na ja, g-g-geht so.«

Picandou und Pomme de Terre sahen die drei verwirrt an. Da hatten sie wohl einiges verpasst.

»Wir erzählen euch später alles«, flüsterte Bertram. »Jetzt kommt.«

Sie schlichen hinter Hein-Ole hinüber zur Höhle. Die Stimmen waren inzwischen verstummt. Und dann hörten sie ein leises Schnarchen. Vorsichtig spähte Pomme de Terre um die Ecke, und dann grinste er den anderen breit zu. Einer nach dem anderen schauten sie ihm über die Schulter. Auf dem Schwammbett schlief Madame Roquefort und in Picandous Sardinendose klemmte der graue Mäuserich und schnarchte. Pomme de Terre und Picandou reichten Hein-Ole ihre Degenhalterungen und folgten ihm zur Sardinendose. Flink wand Hein-Ole die Bindfäden um die Pfoten des Mäuserichs, der plötzlich aufhörte zu schnarchen und verschlafen die Augen aufschlug.

»Wat'n hier los?«, rief er und versuchte, seine Pfoten zu bewegen. Doch die hatte Hein-Ole bereits ordentlich zusammengeschnürt.

Fast zur gleichen Zeit hatten Bertram und Gruyère Madame Roquefort überrumpelt und auch sie gefesselt.

»He, was soll das?«, rief sie.

»Dreimal darfst du raten«, sagte Hein-Ole.

»Hein-Ole … bist du das?«, hauchte Madame Roquefort.

»Natürlich ist er das!«, knurrte Helmut. »Die hässliche Visage erkenne ich überall wieder.«

Madame Roqueforts Blick glitt nervös zwischen Hein-Ole und den Muskeltieren hin und her. »Katzenkacke!«, murmelte sie.

»Das kannste aber laut sagen«, sagte Pomme de Terre und grinste.

»Dat werdet ihr noch bereuen, Mädels!«, knurrte Helmut.

»Mal sehen, wer hier was bereut«, sagte Bertram kühl.

»Aber was machen wir jetzt mit ihnen?«, fragte Gruyère. »Wir können sie ja schlecht hier liegen lassen.«

»Ich hätte da schon eine Idee«, sagte Hein-Ole und fuhr sich mit der Hand über die Kehle.

Madame Roquefort sah ihn mit schreckgeweiteten Augen an. »Nein!«, rief sie ängstlich.

»Aber bei mir und Picandou hattet ihr keine Skrupel, stimmt's?«, sagte Hein-Ole trocken. Er stotterte nicht mehr und sah zum ersten Mal glücklich aus. »Warum sollte es euch jetzt besser gehen?«

Gruyère schüttelte entschieden den Kopf. »Das machen wir auf keinen Fall«, sagte sie und legte Hein-Ole eine Pfote auf den Arm.

Bertram stimmte ihr zu. »Sie hätten es zwar verdient, aber ein Muskeltier würde so etwas nicht tun.«

Ein Schatten fiel in die Höhle. Claus war die Treppe hinuntergekommen und kniete jetzt vor dem Eingang. Er beugte den Kopf und schaute in die Höhle.

»Braucht ihr Hilfe?«, fragte er leise.

Pomme de Terre nickte. Mit dem Degen deutete er auf die gefesselten Übeltäter.

»Ah, verstehe«, sagte Claus. »Die also haben euch das Leben so schwer gemacht?«

Alle nickten heftig, bis auf Picandou. Der schaute verlegen zu Boden. Er war schließlich an allem schuld.

»Ich wette«, sagte Claus, »ihr wollt sie für immer loswerden, stimmt's?«

Alle vier Muskeltiere und Hein-Ole nickten jetzt noch eifriger.

Claus setzte sich wieder auf und ließ seinen Blick suchend durch den Keller schweifen. Dann stand er auf und ging hinüber zu einem Regal. »Ich hätte da eine wunderbare Idee«, sagte er und nahm grinsend ein leeres Marmeladenglas heraus. Das stellte er auf den Boden vor der Höhle und schraubte den Deckel ab.

»Wie wäre es«, sagte er, »wenn ich die zwei da drin einsperre und mit nach Blankenese nehme? Dann könnten wir sie sozusagen als Flaschenpost in die Elbe werfen. Von dort aus ist es nicht mehr weit bis zum Meer. Dann machen sie eine Reise, die so weit weg führt, dass ihr sie nie wieder seht. Vielleicht bis nach Afrika.«

Damit waren die Muskeltiere sehr einverstanden. Picandou klopfte Claus sogar begeistert aufs Knie.

Nachdem Claus die zwei Mäuse im Glas verstaut hatte, machte er ein paar Luftlöcher in den Deckel und schraubte ihn zu. Dann ließ er das Glas in der Innentasche seiner Jacke verschwinden.

»Sagt mal, wolltet ihr nicht mit zu mir kommen?«, fragte er schläfrig. Er war auf einmal sehr müde und musste dagegen ankämpfen, dass ihm die Augen nicht zufielen. Doch diesmal wedelten alle vier Muskeltiere den Degen hin und her und schüttelten gleichzeitig den Kopf. Das war ein eindeutiges Nein.

Claus war insgeheim sogar ein bisschen erleichtert darüber, denn mit Tante Lotti wäre das alles nicht ganz so einfach geworden. Hier waren seine vier Freunde und die hässliche Ratte eindeutig besser aufgehoben als bei ihm.

»Wir bleiben allerdings nur hier«, sagte Gruyère in die Runde, »wenn Picandou uns auch wirklich wieder bei sich haben will …«

»Und ob ich euch hier haben will!«, rief Picandou. »Für immer und ewig.«

»Tja, falls nicht wieder so eine Madame Roquefort aufkreuzt und dir den Kopf verdreht«, sagte Pomme de Terre.

»… und du dann vergisst, wer deine wahren Freunde sind«, fügte Bertram hinzu.

Picandou errötete und senkte beschämt den Blick.

»Nein«, sagte er leise. »Das wird mir nicht noch einmal passieren. Ich war dumm und hab mich von ihren Schmeicheleien und ihrer Bewunderung einlullen lassen.«

»Und weil sie so niedlich war«, brummte Bertram, der das insgeheim ein bisschen verstehen konnte.

»Und weil sie ständig deine Hilfe brauchte«, fügte Pomme de Terre trocken hinzu. »Gib's zu, du hast dich bei ihr wie so 'n richtig toller Hecht gefühlt.«

»Lasst ihn in Ruhe«, sagte Gruyère. Sie wandte sich an Picandou. »Weißt du, du warst immer mein Held, aber vielleicht habe ich dir das nicht genügend gezeigt.«

Picandou sah ihr tief in die Augen. »Doch«, antwortete er leise. »Das hast du schon, aber ich hab nicht gemerkt, was ich an dir hatte, bis … bis ich begriff, in was ich da hineingestolpert war, und dann war es schon zu spät. Wenn ihr nicht gekommen wärt …« Er sah die drei Muskeltiere und Hein-Ole dankbar an. »… dann wär ich jetzt nicht mehr am Leben.«

»Das is' echt 'ne fesche Lady, die du da hast«, sagte Hein-Ole mit Blick auf Gruyère. »Wenn die ihr Herz nich' schon an dich verschenkt hätte, hätte ich mir die glatt geschnappt. Du Glückspilz!«

»Das bin ich wirklich«, sagte Picandou. »Ein riesiger Glückspilz.«

Gruyère errötete. »Jetzt ist aber genug!«, rief sie. Sie schaute Picandou an. »Ich habe allerdings noch eine Bitte.«

»Was immer du willst«, sagte Picandou.

»Hein-Ole darf ab jetzt unseren Müllsack teilen, so oft er will, und außerdem bei uns bleiben, bis sein Zuhause wieder bewohnbar ist.«

Hein-Ole lächelte und winkte ab. »Den Müllsack nehme ich gerne an, aber mein Zuhause is' nu' mal mein Zuhause. Das is' wie es is'.«

»Das versteh ich«, sagte Bertram.

Auf einmal hörten sie Stimmen vor dem Fenster.

»HierIsEsHierIsEs«, rief die eine.

»MeineMahlzeitMeineMahlzeit!«, krächzte eine Zweite aufgebracht.

»Oh nein.« Pomme de Terre fasste sich an den Kopf. »Die Möwen! Mein Versprechen. Das hab ich glatt vergessen … Und nu' is' der Müllsack leer gefressen.«

»Ich fürchte, das war meine Schuld«, sagte Hein-Ole. »Ich hatte so einen Kohldampf, da hab ich richtig reingehauen.«

»Und dann hast du uns ja noch was mitgebracht«, lispelte Bertram.

»Ich glaube, wir haben sogar noch etwas übrig gelassen«, sagte Gruyère. »Sollen wir das den Möwen anbieten?«

»Und mir gleich mit.« Pomme de Terre deutete auf seinen Bauch. »Der hat schon lange nix Anständiges mehr gesehen.«

Claus, der nur leise Piepstöne hörte, hatte still neben den Muskeltieren gesessen. Auch wenn er nichts verstand, so ahnte er doch, dass sie ein Gespräch führten. Er hatte den Kopf gegen die Treppenwand gelehnt und dabei waren ihm die Augen zugefallen.

Als die Muskeltiere zu ihm hinüberschauten, sahen sie, dass er eingeschlafen war.

»Frau Fröhlich wird sich morgen früh wundern«, sagte Pomme de Terre.

»Und seine Tante Lotti wird sich riesige Sorgen machen«, warf Bertram ein.

»Wartet, Leute«, rief Pomme de Terre. »Ich hab da eine Idee: Du, Bertram, schreibst eine Nachricht von Claus und die Möwen sollen sie dann nach Blankenese bringen.«

Da sie Claus nicht wecken wollten, mussten sie zuerst das Abflussrohr wieder frei machen, um hinauszugelangen. Der Mäuserich und Madame Roquefort hatten gründliche Arbeit geleistet. Stück für Stück pulten die Muskeltiere und Hein-Ole alte Garnrollen, Korken, Papier und Stoffreste aus der Öffnung. Inzwischen hatte Bertram auf Frau Fröhlichs Schreibtisch eine Nachricht an Tante Lotti verfasst:

bIn In FrAu Frölichs Ladn.
Es geT mir gut.
LiBe gRüse, KLaUS

Als er fertig damit war, rollte er das Papier ordentlich zusammen und band ein Stück Bindfaden darum, und als der Geheimweg wieder frei war, kletterten sie mit dem Brief hinaus in den Hof. Die Möwen hüpften schon ungeduldig auf und ab und waren ziemlich ungehalten.

»SaftladenSaftladen«, schimpften sie im Chor, als sie die Muskeltiere bemerkten, und deuteten mit ihren Schnäbeln auf den Müllsack, den sie schon durchwühlt hatten.

Am lautesten schimpfte MeineMahlzeit. Es dauerte eine ganze Weile, bis Pomme de Terre sie alle beruhigt hatte. Er erzählte ihnen, was geschehen war, und versprach, den Müllsack für die nächsten sieben Tage mit ihnen zu teilen. Das beschwichtigte sie ein wenig.

»Aber dafür müsst ihr uns noch einen Gefallen tun«, sagte er und überreichte ihnen die eingerollte Nachricht für Tante Lotti. Die Möwen zögerten etwas.

»WoherWissenWirDassDuUnsNichtReinlegst?«, fragte MeineMahlzeit argwöhnisch.

»ReinlegstReinlegst«, wiederholten die anderen beiden.

Die Muskeltiere hoben die Pfoten so feierlich zum Schwur, dass die Möwen gleich merkten, dass es ihnen ernst war.

»AlsoGutAlsoGut.« MeineMahlzeit nahm das Röllchen an sich und dann flogen sie los.

Es dämmerte schon und die Muskeltiere und Hein-Ole mussten sich beeilen. Sie sammelten die Essensreste im Restaurant ein und kletterten damit zurück in den Keller. Viel war nicht übrig geblieben, aber es wurde dennoch ein nettes, gemütliches Picknick. Abwechselnd berichteten sie einander, was sie erlebt hatten. Hein-Ole musste noch einmal die ganze Geschichte von Fräulein Flieder erzählen und dabei stotterte er kein einziges Mal. Er schien sich sichtlich wohl in der Gesellschaft seiner neuen Freunde zu fühlen. Die ersten Sonnenstrahlen stahlen sich in die Höhle hinein, als die Muskeltiere erschöpft in ihre Betten krochen. Bertram hatte endlich sein Schwammbett wieder und Hein-Ole machte es sich im Sahnebecher gemütlich. Alle waren froh, wieder zu Hause zu sein.

Kapitel 22

Ende gut, alles gut

Ein paar Stunden später wurden die Muskeltiere und Hein-Ole aus dem Schlaf gerissen. Aus dem Laden drangen aufgeregte Stimmen zu ihnen herab, Schritte näherten sich und die Kellertür wurde aufgerissen. Tante Lotti, gefolgt von Margarethe und Frau Fröhlich, stürzte die Treppe hinunter.

»Cläuschen!«, rief sie. »Wo bist du?«

Als sie ihn entdeckte, hockte sie sich zu ihm und umarmte ihn. »Ich hab mir solche Sorgen um dich gemacht!«

Die Muskeltiere setzten sich verschlafen in ihren Betten auf.

»Auf die Möwen ist Verlass«, murmelte Pomme de Terre.

Claus öffnete die Augen. »Hallo, Tante Lotti«, stammelte er. »Wie … wie … hast du mich denn gefunden?«

»Der Gärtner hat zum Glück deine Nachricht entdeckt. Gerade noch rechtzeitig. Ich war kurz davor, die Polizei zu rufen!«

»Welche Nachricht?«, fragte Claus verdutzt.

»Weißt du das nicht mehr? Die, die du vor die Eingangstür gelegt hast. Deine Rechtschreibung war allerdings …« Tante Lotti unterbrach sich. »Egal. Aber wieso bist du überhaupt hier, mein Junge?«

»Hier?« Clausens Blick schweifte langsam durch den Keller. Er brauchte einen Moment, bis er wusste, wo er war, und dann erinnerte er sich wieder an die letzte Nacht.

»Kann es sein, dass er schlafwandelt?«, fragte Margarethe, die sich über die beiden gebeugt hatte. »Er scheint eindeutig verwirrt zu sein und er weiß nicht, wie er hergekommen ist. Ich habe schon von so etwas gehört. Das ist nicht ganz ohne. Einmal haben sie einen Schlafwandler mitten auf der Autobahn aufgelesen.«

Claus schwieg. Die Muskeltiere warteten angespannt auf seine Antwort.

»Oh Mann, hoffentlich verpfeift er uns nicht«, flüsterte Hein-Ole. Ihm war diese Ratten-Mäuse-Hamster-Menschenkind-Freundschaft immer noch nicht ganz geheuer.

»Schlafwandeln? Unsinn!«, rief Tante Lotti.

»Aber ich weiß wirklich nicht, wie ich hierhergekommen bin«, antwortete Claus.

»Du hast den Schlüssel aus meinem Geheimversteck geholt«, sagte Frau Fröhlich, die inzwischen die Treppe hinuntergehumpelt war. »Weißt du das nicht mehr?«

»Nein.« Claus schüttelte langsam den Kopf. »Keinen blassen Schimmer.«

Die Muskeltiere sahen sich erleichtert an. Bertram stupste Hein-Ole in die Seite: »Sag ich doch, auf das Menschenkind ist Verlass.«

»Ich rede mit Doktor Eberwein«, sagte Tante Lotti. »Ich kann nicht riskieren, dass du mir eines Nachts auf die Autobahn läufst oder dass ich dich aus der Elbe fischen muss.«

»Kommt, jetzt gibt's erst einmal meine guten Croissants mit selbst gemachter Marmelade«, rief Frau Fröhlich und ging zurück zur Treppe.

Margarethe folgte ihr. »Und eine große Tasse heiße Schokolade für Claus«, sagte sie.

»Der hat's gut!«, murmelte Picandou, dem beim Gedanken an die Croissants das Wasser im Mund zusammenlief.

»Geht doch schon mal vor«, sagte Claus. »Ich komm gleich.«

Die Muskeltiere hörten die Schritte der drei Frauen auf der Treppe und kurz darauf erschien Clausens Gesicht vor dem Höhleneingang.

»Alles klar bei euch?«, flüsterte er.

Die Muskeltiere nickten.

»Tschüss dann. Und – um eure Freunde hier kümmere ich mich nachher.« Er holte kurz das Glas aus seiner Jackentasche, in dem Helmut und Madame Roquefort sichtlich erbost umherhüpften, mit den Pfötchen gegen das Glas trommelten und schimpften. Zum Glück konnte man nicht hören, was sie sagten.

Claus grinste, dann winkte er seinen Freunden zum Abschied zu. »Bis bald.«

Die Muskeltiere und Hein-Ole winkten aus ihren Betten zurück und als sie wieder einschliefen, träumte nicht nur Picandou von einem ganzen Berg duftender Croissants mit Marmelade.

Ein leises, aber eindringliches Klopfen weckte die fünf Nager am späten Abend.

»Das ist bestimmt deine Kundschaft«, sagte Hein-Ole verschlafen zu Pomme de Terre. »Die wollen endlich ihre Belohnung kassieren.«

Pomme de Terre stöhnte und setzte sich langsam auf. Wankend kletterte er aus der Sardinendose. Diese Möwen, dachte er. Die lassen sich die Butter nicht vom Brot nehmen. Doch als er vor dem

Höhleneingang stehen blieb und zum Kellerfenster hinaufspähte, sah er dort nicht die Möwen, sondern Rattussi, Rattilla und die ganze Rattengang. Das bedeutete, dass die *Traviata* in Hamburg vor Anker lag, denn die Ratten lebten inzwischen auf dem Schiff. Sie winkten begeistert, als sie Pomme de Terre entdeckten. Pomme de Terre torkelte zurück in die Höhle.

»Leute, aufwachen! Schaut mal, wer da is'«, rief er den anderen zu. Langsam wurden auch sie wach und schauten neugierig zum Kellerfenster hinauf.

»Den Gürtel müssen wir heute noch enger schnallen«, stellte Bertram fest.

»Eben. Die Hälfte des Müllsacks geht an die Möwen«, antwortete Pomme de Terre. »Versprochen is' versprochen.«

Zögerlich kletterten sie hinaus in den Innenhof. Wie sollten sie ihren Freunden bloß erklären, dass es heute mit der Gastfreundschaft nicht besonders gut aussah? Die Ratten hatten das Sieb schon beiseitegeschoben und standen erwartungsvoll daneben. Freudig begrüßten sie die Muskeltiere mit viel Schultergeklopfe und Nasenstübern. Sogar Hein-Ole wurde herzlich in die Seite geboxt.

»Wir haben 'ne kleine Überraschung mitgebracht!«, rief Rattussi.

So klein war die Überraschung gar nicht. Die Ratten ließen sich wirklich nicht lumpen: Sie hatten ganze Armladungen der feinsten Kuchen- und Käsereste vom Schiff dabei, denn die *Traviata* war schließlich ein Fünf-Sterne-Schiff und die Küche dort war fast noch besser als die von Frau Fröhlich. Sie breiteten ihre Mitbringsel im Innenhof aus und holten unter Pomme de Terres wachsamem Blick allerhand Köstlichkeiten aus dem Müllsack dazu. Er hatte ihnen die

Sache mit den Möwen sehr eingeschärft und so ließen sie die Hälfte übrig.

»Auf unser Wiedersssehen!«, rief Rattilla, der Rattenchef, und hob feierlich ein Käsestück hoch. Er lächelte den vier Muskeltieren zu.

»Allerdingsss! Auf unser Wiedersssehen!«, rief Rattussi, seine Frau.

»Auf unser Wiedersssehen!«, echoten die anderen. Sie hoben Käseecken und Kuchenstücke hoch und prosteten sich damit zu.

»Dasss Mahl issst eröffnet«, zischelte Ratilla und biss in sein Käsestück. Die anderen taten es ihm nach. Und dann war nur noch Schmatzen und wohliges Knurren zu hören. Kurz darauf raschelte es in der Luft über ihnen und die drei Möwen vollführten ein etwas wackliges Landemanöver zwischen den Essensresten.

»IsJaNichZuFassenIsJaEchtNichZuFassen!«, riefen sie begeistert und Picandou musste sie mehrmals zur Ruhe ermahnen.

»Na, hab ich euch zu viel verspochen?«, fragte Pomme de Terre vergnügt. Er war mehr als zufrieden. Bei diesem Festmahl wurden alle satt, auch die Möwen.

Es wurde noch ein sehr lustiger und ausgelassener Abend. Die Ratten tanzten Polonaise zwischen den Blumentöpfen und sangen dabei ihr Rattenlied:

Essen fressen,
Essen fressen!
Kräftig in die Fresse pressen.

Essen fressen
Essen fressen
Rülpsen, furzen
Nicht vergessen!

Kauen, kauen
Nagen, nagen
Voll der Magen.

Inzwischen saßen die Muskeltiere und Hein-Ole mit prall gefüllten Bäuchlein neben Rattussi und Rattila und erzählten ihnen von Madame Roquefort, auch bekannt als Fräulein Flieder, und von Helmut. Aufmerksam hörten die beiden ihnen zu.

»Ich glaube, von denen habe ich schon mal gehört«, sagte Rattussi. »Helmut und Ingeborg. Ingeborg issst nämlich ihr echter Name. Das sind zwei ganzzz fiese Finger.«

»Stimmt!«, rief Rattilla. »Jetzzzt wo du's ssagst, erinnere ich mich. Da isss' 'n Kumpel von mir auch drauf reingefallen! Die zzzwei

haben immer die gleiche Masche: Ingeborg hat wasss am Fusss und wird dann von einem gutherzzzigen Typen aufgenommen. Und dann, wenn sssie den um den kleinen Zzzeh gewickelt hat, schlagen sssie und Helmut zzzu und rauben ihn ausss. Die haben hier in der Speicherstadt einen ganzzz üblen Ruf.«

»Was?«, rief Bertram. »Und wir sind drauf reingefallen!«

»Mhm«, machte Picandou kleinlaut.

Gruyère nahm seine Pfote. »Jedenfalls sind sie bald ganz, ganz weit weg und werden hier nie wieder ihr Unwesen treiben.«

»Ein Glück«, seufzte Bertram.

»Ein großes Glück«, murmelte Picandou und lächelte Gruyère zu.

Der Rattentanz war immer ausgelassener geworden, und als eine Rattendame Hein-Ole zum Tanz aufforderte, ließ er sich sofort mitziehen.

»Ihr auch!«, rief sie den anderen zu und bald wippten und sprangen die Muskeltiere mit den Ratten über den Hof. Pomme de Terre tanzte gleich mit zwei Rattendamen und Picandou und Gruyère hielten beim Tanzen Pfötchen und schauten einander tief in die Augen.

»Ssssind sssie nicht süssss?«, zischelte Rattussi Bertram zu, als der eine kleine Tanzpause einlegte und sich ganz außer Atem neben ihr niederließ. Sie deutete auf die beiden. »Immer noch wie zzzwei Frischverliebte. Da sssollte sssich mein Rattilla mal ein Beissspiel dran nehmen.«

»Na, wenn du wüsstest«, dachte Bertram, »dann würdest du dir das dreimal überlegen.« Aber das sagte er nicht laut. Stattdessen wippte er vergnügt mit den Füßchen und betrachtete zufrieden das bunte Treiben.

Die Muskeltiere hatten schon so einige Feste gefeiert, aber das hier war eindeutig die größte Party, die sie je gehabt hatten. Und das war auch gut so, denn viel hätte nicht gefehlt, und sie hätten einander für immer verloren.

Nachwort

Zwei Wochen später – Longyearbyen, Spitzbergen (nördlichstes Städtchen der Erde)

»Sag mal, Püppi, weißt du, was das da für ein großes Tier ist?«

»Wenn mich nicht alles täuscht, könnte das ein Eisbär sein«, sagte Ingeborg zögerlich. »Diese blöde Strömung. Ich wäre lieber irgendwo gelandet, wo es wärmer ist. Brrrr!« Sie schüttelte sich.

»Wir sollten froh sein, dass wir überhaupt noch am Leben sind, Zuckerschnute«, antwortete Helmut. »Außerdem – der Typ kommt hier jeden Tag um die gleiche Zeit vorbei. Hab ich alles schon ausgekundschaftet.«

Sie saßen am Hafenbecken und schauten auf die Wellen, die sich zwischen Eisbrocken brachen. Dazwischen tauchte der weiße Kopf des Bären auf. Er kletterte jetzt auf eine Eisscholle.

Ein Expeditionsschiff lag ganz in ihrer Nähe vor Anker und ein schwarzer Mäuserich spazierte gerade die Gangway hinunter zu einem Landausflug. Auf diesen Moment hatten die beiden gewartet.

»Okay, du bist dran«, murmelte Helmut und verschwand hinter einer Containerkiste. Ingeborg hatte sich das Fell mit Schnee überzuckert und legte sich nun so hin, dass der Mäuserich sie gleich entdecken würde.

Als er vor ihr stehen blieb, blinkerte sie ihn mit ihren großen Laternenaugen an und säuselte: »Mein Bein ist gebrochen und mein Schiff ist ohne mich abgefahren. Ich weiß nicht wohin und was ich tun soll …«

Der schwarze Mäuserich beugte sich über sie und sah sie etwas genauer an.

»INGEBORG?!«, rief er. »Na, mit dir habe ich noch ein Spätzchen zu rupfen!«

Als der Eisbär von seiner Scholle schläfrig hinüber zum Hafen schaute, blinzelte er überrascht. Er sah zwei Mäuse die Hafenpromenade entlangwetzen, verfolgt von einer dritten, die laut zeternd ein Stöckchen schwang.

»Immer diese Sportfanatiker«, schnaubte er missbilligend und schloss wieder die Augen.

Worterklärungen

Vielleicht fragst du dich ja, wie man den einen oder anderen Namen ausspricht, denn sie sind ja alle französisch. Es hilft, wenn du ein bisschen näselst und sie ungefähr so sagst:
Picandou: Pikohndu
Camembert: Kamombeer
Saint Albray: Sant Albrä
Gruyère Reserve: Grüieer Reserw
Pomme de Terre: Pomm dö Terr

Dann gibt es ja auch etwas Hamburgerisch:
Deern: Mädchen
Digger: Dicker
Gangway: die Treppe, die zum Schiff hinaufführt
klackermatschig: sehr matschig
Klüsen: Augen
Küsen: Zähne
Mann inne Tünn: Na so was!
Man tau: Los geht's!
schnacken: reden
schnieke: schick
Schmachthappen: Schwächling
verknusen: verkraften
Wat 'n dicken Jonny: Das gibt's doch gar nicht!

Ute Krause, 1960 geboren, wuchs in der Türkei, Nigeria, Indien und den USA auf. An der Berliner Kunsthochschule studierte sie Visuelle Kommunikation, in München Film und Fernsehspiel. Sie ist als Schriftstellerin, Illustratorin, Drehbuchautorin und Regisseurin erfolgreich. Ihre Bilder- und Kinderbücher wurden in viele Sprachen übersetzt und für das Fernsehen verfilmt. Ute Krause wurde u.a. von der Stiftung Buchkunst ausgezeichnet und für den Deutschen Jugendliteraturpreis nominiert.

Ute Krause

Die Muskeltiere

208 Seiten, ISBN 978-3-570-15903-3

Klink, klink, klonk! Während der Hamster Bertram von Backenbart etwas gelangweilt in seinem goldenen Käfig auf der Terrasse einer noblen Hamburger Penthousewohnung sitzt, fallen zwei Mäuse und eine weiße Ratte von der Dachrinne in sein Zuhause. Als die drei sich als Picandou C. Saint Albray, Pomme de Terre und Gruyère vorstellen, ist der Hamster begeistert! Die französischen Namen erinnern ihn an die von ihm heißgeliebten Geschichten über die »Muskeltiere«, die er von den Hörspiel-CDs seines Besitzers kennt. Und als Hamster Bertram erfährt, dass Gruyère sein Gedächtnis verloren hat, ist er wild entschlossen, seinen neuen Freunden zu helfen und aufregende Muskeltier-Abenteuer zu erleben …

8297

Ute Krause

Die Muskeltiere auf großer Fahrt

ca. 176 Seiten, ISBN 978-3-570-17172-1

Gerade haben sich die „Muskeltiere" in Frau Fröhlichs Feinkostladen vom letzten Abenteuer erholt und sich in ihrer Käsetheke ordentlich gestärkt, da hören Hamster Bertram Backenbart, die Mäuse Picandou und Pomme de Terre und die Ratte Gruyère eine schreckliche Nachricht: Frau Fröhlich plant eine Schiffsreise nach Ägypten und schließt für diese Zeit ihren Laden. O je, wie sollen die Muskeltiere das überleben? Kurz entschlossen schmuggeln sich die mutigen Freunde in die Koffer ... Und damit beginnt ein neues Muskeltier-Abenteuer auf hoher See!

8315

cbj

Ute Krause

MINUS DREI

Die Reihe zum Vorlesen

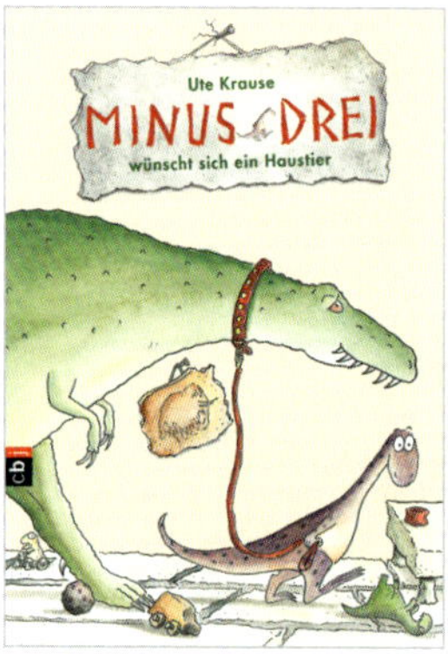

Minus Drei
wünscht sich ein Haustier
Band 1, 80 Seiten,
ISBN 978-3-570-15892-0

Minus Drei
und die laute Lucy
Band 2, 80 Seiten,
ISBN 978-3-570-15893-7

Minus Drei
und der Zahlensalat
Band 3, 80 Seiten,
ISBN 978-3-570-15906-4

Minus Drei
macht Party
Band 4, 80 Seiten,
ISBN 978-3-570-17091-5

Minus Drei
geht baden
Band 5, 80 Seiten,
ISBN 978-3-570-17182-0

Die Muskeltiere

Einer für alle, alle für einen